Meta Grammar

2022

지 은 이 | 최현숙

펴 낸 이 | 김현애

책임편집 | 김현애

디 자 인 | EJ design (김신현)

찍 은 날 | 4쇄 2024년 7월 17일

펴 낸 날 | 1쇄 2022년 10월 13일

펴 낸 곳 | 베스트

등록번호 | 2002-000053

주　　소 | 하남시 감일 순환로 190 감일파크센트레빌 401동 2602호호

전　　화 | 010-7393 - 3438

팩　　스 | 050-4079-3438

홈페이지 | https://blog.naver.com/holymint74

ISBN 979-11-979865-0-5 (53700)

책　　값 | 20,000원

한권으로 끝내는 영문법 비법서

Meta Grammar

저자 최현숙

✿ 베스트

이 책을 펴내며......

중학생이 되면서, 모국어가 아닌, 외국어를 배운다는 것이 얼마나 신나고 신기했던지 영어 수업 시간을 매우 기대하며 기다렸습니다. 또한, 누가 시킨 것도 아닌 데 틈만 나면 영어책을 붙들고 씩씩하게 소리내어 읽었던 모습이 떠오릅니다. 그렇게 나의 영어 인생이 시작되었습니다.

그 때까지만 해도 영어를 평생 직업으로 삼을 거라고는 생각하지 못했습니다. 막연히 영어선생님이 되면 참 좋겠다고만 생각했을 뿐.

감사하게도 그 바람대로 지금까지 20여년 간 학생들과 배움을 나누고 있습니다. 오랜 시간동안 많은 학생들을 만나면서 느낀 점은, 성적이 좋은 학생들조차도 문법을 매우 어려워하고, 독해 구문에 대한 이해가 너무 없다는 것이었습니다. 그래서, 저희 학원을 통해 많은 학생들이 기초를 탄탄히 다지고 체계를 잡아가는 것과, 또 해외로 유학을 간 학생들이 우리 학원에서 배운 문법과 구문독해법 덕분에 공부에 많은 도움이 되었다는 이야기들을 들으면서, 다른 학생들에게도 도움이 되면 좋겠다 싶은 마음에 조심히 책으로 담아 보았습니다.

학생들이 오랜 시간동안 영어 공부를 해 왔기 때문에 상대적으로 쉬운 학교 내신은 무작정 외워서라도 좋은 성적을 낼 수는 있으나, 정확한 풀이법은 명료하게 대답하지 못하는 경우가 많습니다. 독해 문제 또한 해석을 수월하게 잘 해서라기보다 대략적인 내용을 이해하고 언어적인 감각을 총동원해서 정답을 고르는 경우가 상당수입니다.

수능 1등급 중에서 어느 정도 정확하게 해석할 수 있는 학생이 10퍼센트 남짓이라는 말을 들은 적이 있습니다. 그토록 영어를 오랜 시간 동안 공부해 왔지만, 구문에 대한 이해를 갖지 못했기 때문일 수 있습니다.

이 책은 중고등 내신과 수능 어법에 필요한 개념을 총망라하였습니다, 또한 20여 년 간 내신과 수능, 수능모의고사에서 기출 된 문제들을 비교 대조하면서 핵심 부분들을 접근 방법과 함께 정리해 두었을 뿐만 아니라 독해에 필요한 문법도 함께 수록하였습니다.

이 Meta Grammar를 통해서 개념을 익히고, 다른 문제집들을 이용해서 실전 연습한다면, 문법을 확실히 정립할 수 있으리라 자신합니다.

학창 시절의 영어 공부와 20여 년 간의 강의 노하우로 중, 고등학교 내신과 수능 대비, 또한 성인들의 여타 공인 영어 시험을 준비하는데 어려움이 없도록 총정리하였습니다. 모든 개념들을 이해하고, 체화한다면, 객관식 및 서술형 대비, 영작 만들기 등에 많은 도움이 될 것이라 확신합니다. 각 장마다 개념에 대한 이해도를 묻기 위해 간단한 서술형 문제를 수록하였습니다. 얼마나 숙지하고 있는지 수시로 테스트해 보기를 권면하고, 전체 내용이 완전히 숙지될 때까지 소리 내어 읽는 것도 좋은 방법입니다.

이 책이 영어를 시작하는 이들이나 영문법 개념을 잡지 못하는 이들에게 큰 힘이 되길 바랍니다.

사교육 현장에서 끊임없이 학생들의 영어 실력 향상과 꿈을 이루어가는 데 도움이 되고자 부단히 노력하고 있습니다. 그 일환으로 이 Meta Grammar 영문법 비법서가 나오게 되었습니다. 정리하고 수정하는 데 적지 않은 시간이 걸렸지만, 마무리를 하여 세상에 나오도록 해주신 하나님께 진심으로 감사드리고, 영광을 돌리고 싶습니다. 그리고, 묵묵히 힘이 되어 준 사랑하는 남편과 세 딸들에게도 너무 고맙다는 인사를 남깁니다. 부디, 이 책을 통해 막막하게만 느껴지는 문법을 확실히 정리해서 영어에 자신감이 생기고, 또한 즐겁게 해 나가기를 간절히 바랍니다.

저자 **최현숙** 원장

추천사

이 책이 더없이 반가운 이유

한 수 위 소장
현 교육 강연가
전 확인영어사 교육이사

어떻게 하면 사랑하는 제자들이 어려워하는 영문법을 쉽게 이해하도록 도울 수 있을까? 어떻게 하면 아이들이 독해 구문을 효율적으로 익히고 활용하도록 도울 수 있을까? 단순히 문법을 익히고 시험을 잘 보는 것을 넘어 영어를 잘 할 수 있도록 어떻게 효과적으로 도울 것인가?

수 없이 질문하고 또 질문하며 현장에서 답을 찾으려고 고민하며 노력한 흔적이 이 책 여기저기에서 발견됩니다. 교육현장에서 수없이 방법을 달리해 수정하고 보완해온 한 교육자의 신념이 고스란히 담겨있음이 느껴집니다.

서점에 나가보면 영문법 학습서는 넘쳐납니다. 하지만 정작 영문법을 학습자가 이해하기 쉽게 전체적으로 정리된 학습서는 찾아보기 어렵습니다. 특별히 최근에 비중이 강화되고 있는 서술형 주관식 시험을 대비할 수 있는 훈련과정이 포함된 점이 이 책의 또 다른 큰 강점으로 보입니다.

그래서 이 책이 더없이 반가운 이유입니다.

특별히 수능 및 내신시험을 대비할 수 있는 개념정리와 탁월한 독해능력을 키울 수 있는 구문학습에 큰 도움이 될 것으로 기대됩니다. 왜냐하면, 20여년 현장경험을 가진 영어교육 전문가의 실전 노하우가 고스란히 담겨있기 때문입니다.

이 책은 중고등학생은 물론 문법과 구문을 단시간에 정리하고 싶은 성인 학습자에게도 큰 도움이 될 거라 확신합니다.

시간을 줄여주는 책입니다

박 상 민 원장

현 정상어학원 안산 분원

깔끔하고 담백한 문법책! 한권이면 충분하다!

영어교육을 전공하고 아이들을 가르친 지 17여년이 지났지만, 여전히 학생들이 어려워하는 것은 '문법'입니다. 이제 와서 고백한다면, 영어를 가르치는 저 조차도 학창시절의 문법은 그냥 암기해서 풀기만 했습니다. 암기 잘하는 학생이 점수가 잘 나올 수밖에 없었습니다. 그 이후로 시간이 많이 흘렀고, 많은 책들도 나왔지만, 여전히 문법은 어렵습니다. 자세하게 가르쳐 주려면 끝이 없고, 시험만 보게 해주려면 이해 따위는 포기해야 했었습니다. 영어를 가르치는 수많은 분들이 늘 고민하고 막막한 것 중 하나가 문법입니다.

Meta Grammar는 딱 과하지도, 부족하지도 않은 잘 차려진 정식 같습니다. 꼭 가르쳐야 할 것들만 군더더기 없이 정리되어 있습니다. 학생들이 꼭 기억해야할 최소한의 설명으로 핵심은 모두 담았습니다. 압축되고 필요한 설명만큼이나, 문법과 어법의 전체 그림을 그릴 수 있도록 구성되어 있습니다. 이 책의 장점은 3가지로 압축됩니다.

1. 시험에 나올 것들만 모았습니다.
2. 설명이 길지 않습니다. 짧게 핵심만 담았습니다.
3. 이해하기 편하도록 가급적 도표, 도식화 해 두었습니다.

즉 이 책은, 문법 공부에 소요되는 시간을 줄여주기 위해서 만들어진 책입니다.

영어를 제대로 공부해 보겠다며, 호기롭게 두꺼운 책을 골랐던 경험이 있는 학생! 두 번 다시는 틀리지 않겠다며 몇 천 문제가 수록된 기계적인 학습을 하던 학생! 체계적으로 공부하겠다며 1권, 2권, 3권의 끝나지 않는 시리즈를 공부하던 학생이라면, 이 책으로 뼈대를 잡기를 추천합니다. 과하지도, 부족하지도 않습니다. 핵심만 있습니다. 이 책의 핵심은 문제를 푸는데 필요한 것들만 모아져 있습니다. 잘 틀리기 쉬운 것들만 구분되어 있습니다. 이것부터 공부하시기 바랍니다. 어려운 문법을 이해하고 공부하는 시간을 2배는 단축시켜줄 수 있을 겁니다.

CONTENT

Meta
Grammar

01. 품사의 이해

I. 영어 문장

필수성분 ➕ **제외할 요소**

필수성분	제외할 요소
① S (주어)	① 전치사 + 명사류 { a. 형용사구 b. 부사구
② V (동사)	② 수식하는 형용사
③ O (목적어)	③ 부사
④ C (보어)	④ 감탄사

II. 품사

1) 명사(Noun)

: 사람이나 사물, 장소나 눈에 보이지 않는 것 등의 이름을 나타내는 품사

ex〉Seoul, computer, pilot …

역할

ⓐ **주어 자리(subject)**

ex) **The book** is very interesting.

(그 책은 매우 흥미롭다.)

ⓑ **목적어 자리(object)**

ex) I bought **a book** yesterday.

(나는 어제 책을 샀다.)

ⓒ **보어 자리(complement)**

ex) She is **a doctor**.

(그녀는 의사이다.)

2) 대명사(Pronoun)

: 명사를 대신하여 쓰이는 품사

(사람이나 사물, 장소나 방향을 직접 가리키는 기능을 하는 품사)

ex〉he, this, something …

3) 동사(Verb)

: 사람이나 사물의 움직임(동작 : 진행형 가능)

or

작용(상태 : 진행형 불가)을 나타내는 말로 주어의 서술어 기능을 하는 품사

ex〉play, study, read …

point.

풍사가 어떤 역할을 하는지 아는 것이 매우 중요.

1. 품사의 이해

4) 형용사(Adjective)

: 사람이나 사물의 상태나 성질을 나타내는 품사

(보통, '-ㄴ'으로 해석)

ex〉 careful, kind, intelligent ‥

역할
- ⓐ **제한적 용법 (명사 수식)**

  ex) a smart girl

- ⓑ **서술적 용법 (보어자리)**

  ex) The girl is smart. (그 소녀는 똑똑하다.)

5) 부사(Adverb)

: 대부분 **형용사⊕ly**의 형태로, 다른 품사를 수식하는 역할을 하는 품사 : 보통, '~하게'로 해석

(장소, 시간, 양태, 이유, 방법, 목적, 결과 등을 나타내는 품사)

ex〉 yesterday, here, carefully ‥

역할
- ⓐ **형용사 수식** : ex) She is very honest.

  (그녀는 매우 정직하다.)

- ⓑ **부사 수식(또 다른 부사)** : ex) He walked very slowly.

  (그는 매우 느리게 걸었다.)

- ⓒ **동사 수식** : ex) He sang merrily.

  (그는 즐겁게 노래했다.)

- ⓓ **문장 전체 수식** : ex) Happily, he passed the test.

  (행복하게도, 그는 시험에 합격했다.)

- ⓔ **준동사 수식** : ex) Getting up early makes me refreshed.

  (일찍 일어나는 것은 나를 상쾌하게 만든다.)

6) 전치사(Prepostion)

: 혼자 쓸 수 없고 명사류와 함께 쓰여서, <u>형용사구 or 부사구</u>의 역할을 하는 품사

ex〉in, against, from ‥

※전치사 + <u>명사류</u>
- ⓐ 명사
- ⓑ 대명사
- ⓒ 동명사
- ⓓ ~~to부정사~~(to$\sqrt{V}$)

7) 접속사(Conjunction)

- ⓐ 단어와 단어
- ⓑ 구와 구
- ⓒ 절과 절을 연결해주는 품사

ex〉and, though, as ‥

8) 감탄사(exclamation)

: 감탄, 부름, 응답, 놀람 등을 나타내는 품사

ex〉wow, oh, oops ‥

point.

전치사 다음에 절대로 to$\sqrt{V}$가 올 수 없다.

$\sqrt{V}$의 의미

➡ 수학기호 $\sqrt{}$가 뿌리라는 뜻을 지닌 root와 비슷한 발음이 나는 것을 이용하여, 동사 원형을 $\sqrt{V}$로 표현한다.

*동사의 종류

1) be동사	am	are	is	was	were
2) 조동사	혼자 쓸 수 없고, 다른 동사를 도와주는 동사				
3) 일반동사	be 동사와 조동사를 제외한 모든 동사				

◼ be 동사의 의미

1) ~에 있다 (1형식)	be ⊕ 전치사 / 부사
ex) He is in the room. (그는 방에 있다.)	
2) ~이다 (2형식)	be ⊕ 명사 (주어의 신분 or 자격을 나타냄) / 형용사 (주어의 상태 or 성질을 나타냄)
ex) Tom is a student. (Tom은 학생이다.)	ex) Yebin is diligent. (예빈이는 성실하다.)

2 주어와 be 동사

수	인칭	주어	현재	과거	수	인칭	주어	현재	과거
단수	1	I	am	was	복수	1	we	are	were
	2	you	are	were		2	you	are	were
	3	he	is	was		3	they	are	were
		she	is	was					
		it	is	was					

Note

3 be 동사의 부정과 줄임말

단수	1	I am not	I'm not	X
	2	you are not	you're not	you aren't
	3	he is not	he's not	he isn't
		she is not	she's not	she isn't
		it is not	it's not	it isn't
복수	1	we are not	we're not	we aren't
	2	you are not	you're not	you aren't
	3	they are not	they're not	they aren't

Point.

be동사와 조동사의 부정문 만드는 방법은 바로 뒤에 not을 쓰면 된다.

4 일반동사의 부정문 만드는 방법

		현재	과거		현재	과거
1	I	don't √V	didn't √V	we	don't	didn't
2	you			you		
3	he she it	doesn't √V		they		

ex) ① Kevin plays the violin well.

→ Kevin doesn't play the violin well.

(Kevin은 바이올린을 잘 못 켠다.)

ex) ② He got up early.

→ He didn't get up early.

(그는 일찍 일어나지 않았다.)

ex) ③ I keep a diary every day.

→ I don't keep a diary every day.

(나는 매일 일기를 쓰지는 않는다.)

* Mini-Test

1. 영어 문장은 어떻게 구성되어 있는가?

2. 8품사의 종류는?

3. 명사의 역할은?

4. 부사의 역할은?

5. 형용사의 역할은?

6. 전치사의 정의와 명사류를 쓰시오.

7. 접속사의 정의를 쓰시오.

02. 문장의 종류

학습내용

2 문법 개념 정리 : 문장의 종류

※ 문장의 종류

1) 내용상에 따른 문장의 종류

- 1. 평서문(긍정문/부정문)

  ex) She has a good friend. (그녀는 좋은 친구가 있다.)

- 2. 의문문

  ex) Does she have a good friend? (그녀는 좋은 친구가 있니?)

- 3. 명령문

  ex) Be kind to others. (다른 사람들에게 친절해라.)

- 4. 감탄문

  ex) What a kind boy he is! (그는 어찌나 친절한 소년인지!)

- 5. 기원문

  ex) May your kingdom come. (당신의 왕국이 오기를.)

2) 구조상에 따른 문장의 종류

- 1. 단문 : S V ~ . 〈s v가 하나인 문장〉

  ex) He reads a book every day. (그는 매일 책을 읽는다.)

- 2. 중문 : S V 등위 접속사 S V ~ .
     (and, but, or, so ,for, yet)

  〈s, v가 2개 있고, 등위접속사로 연결되어있는 문장〉

  ↳ ※ 한 문장이지만 2문장이라고 생각하면 됨 (한 문장 속에 2개의 문장)

  ex) He is a student, **but** he has a nice car. (그는 학생이다, 하지만 그는 멋진 차를 갖고 있다.)
     (2형식)   (3형식)

Meta Grammar

3. (복문): S V [종속접속사 S V ~]
〈등위접속사를 제외한 나머지 접속사〉

point.

문장이 길어지는
이유는, 구와 절
구문 때문이다.
물론, 접속사로
연결되어 새로운
문장이 만들어지
기 때문이기도
하다.

〈s, v가 2개 있고, 종속접속사로 연결되어있는 문장〉

↳ ※ 두 문장이지만 1문장. (종속절이 S V 의 일부가 되어 결국 한 문장이 된다.)

ex) He thinks [that the accident took place in the crosswalk.] (3형식)
　　　S　　v　　　　　　　　　　　　　　　　　　　　　o
(그는 건널목에서 그 사고가 발생했다고 생각한다.)

*구/절

1) 구(phrase) : 2개 이상의 단어가 하나의 품사 역할을 할 때, 그 속에 s, v가 없는 경우

➡ 구의종류

명사구	형용사구	부사구
to √v	to √v	to √v
동명사구	분사구	전치사 + 명사류
의문사 + to √v	전치사 + 명사류	분사구문

ex)

I know
s v
how to make a kite.
　 o 〈명사구〉

2) 절(clause) : 2개 이상의 단어가 하나의 품사 역할을 할 때, 그 속에 s, v가 있는 경우

*절의 종류

1) 대등절 : 중문의 경우 : ex) She is kind, so everyone loves her.

(그녀는 친절하다, 그래서 모든 사람이 그녀를 사랑한다.)

2) 주절 ┐

　　　　　: 복문의 경우

3) 종속절 ┘

➡ S V 종속접속사 S V ~
　(주절)　　　　(종속절)

ex) I think that you will pass the exam.
　　s v　　　　　　o 〈명사절〉
(나는 네가 시험에 합격할 것이라 생각한다.)

*종속절의 종류

명사절	형용사절	부사절
접속사 that 절	관계 대명사절	시간절 (when~)
접속사 if / whether 절	관계 부사절	이유절 (as~)
관계대명사 what절	동격의 접속사 that절 ex) the fact that 　　the belief that 　　the thought that 　　the proof that 　　⋮	조건절 (if~)
의문사절		양보절 (though~)
복합관계대명사절		결과절 (so~that)
선행사가 생략된 관계부사절		목적절 (so that~)

point.

1. so ~that
: 너무 ~해서 ~하다

2. so that
: ~하기 위해

3. the fact that
: that 이하의 사실

→ 나머지들도
이런 식으로 해석

* 추가 부사절

→복합관계사절

→접속사
whether 절

*내용상에 따른 문장의 종류 좀 더 알아보기

1) 명령문

┌ 1. 긍정 명령문 : √V ~ : ~해라

　　　　ex) Clean your room. (네 방을 청소해라.)

├ 2. 부정 명령문 : Don't + √V ~ : ~하지 마라

　　　　ex) **Don't** go there. (거기 가지 마라.)

└ 3. 권유명령문 : ┌ ⓐ 긍정 : Let's + √V ~ : ~하자

　　　　　　　　　　ex) Let's play tennis.(테니스 치자.)

　　　　　　　└ ⓑ 부정 : ┌Let's not √V

　　　　　　　　= │ ex) Let's not go there. (거기 가지 말자.)

　　　　　　　　　└Don't let's √V ~ .

　　　　　　　　　　ex) Don't let's play a game. (게임하지 말자.)

2) 의문문

1. 의문사가 없는 의문문 : 〈Yes/ No로 대답〉

ex) ┌ A : Does Kevin read a book every day?

(Kevin은 매일 책을 읽어?)

└ B : Yes, he does. / No, he doesn't.

(응, 그는 그래. / 아니야, 그렇지 않아.)

2. 의문사가 있는 의문문 : 〈Yes/ No로 대답할 수 없다.〉

ex) ┌ A : What did he buy at the store?

(그는 그 가게에서 무엇을 샀니?)

└ B : He bought a candy.

(그는 사탕을 샀어.)

point.

질문하는 시제와
동일한 시제로
대답해야 한다.

3. 선택의문문 : 의문사 ~ 비교급, A or B ? : 〈Yes/No로 대답할 수 없다.〉

ex) ┌ A : Which do you like better, math or English?

(수학 또는 영어 중에서 어느 것을 더 좋아하니?)

└ B : I like English better.

(나는 영어를 더 좋아해.)

4. 직접 의문문 : 의문사가 문두에 있는 의문문 → 의문사 + v + s ?

ex) When will you leave Seoul?

(언제 서울을 떠날거니?)

★★

5. 간접 의문문 : 의문문이 주절 문장의 일부로 쓰이는 경우

(대개, 목적어자리에 오는 경우로 시험에서 출제된다.)

➡ ~ 의문사 + s + v ~.
〈목적어자리〉

ex) I **didn't** know why he left Seoul.

(나는 왜 그가 서울을 떠났는지 몰랐다.)

point.

직접의문문과
간접의문문의
어순구별.
↳ 간접의문문은
중학교 2학년 때부
터 '수능까지 출제
된다.

6. 부가의문문 : 평서문에 두 단어를 덧붙여서 만든 의문문

        ex) Tom studies hard, ***doesn't he***?

        (Tom은 열심히 공부해, 그렇지 않니?)

7. 수사의문문 : 물음을 나타내지만 답변을 요구하지 않고,

        강한 긍정 진술을 내포하고 있는 의문문

        (즉, 몰라서 묻는 의문문이 아니라, 강조하기 위한 의문문)

        ex) Who knows? = Nobody knows.

        (누가 알겠어? = 아무도 몰라.)

*의문문 만드는 방법

1) 의문사가 없는 경우

    ⓐ Be 동사 + S ~?   ex) Are you a student? (너는 학생이니?)

    ⓑ 조동사 + S + $\sqrt{V}$ ~ ?   ex) Can you solve the problem?

        (너는 그 문제 풀 수 있니?)

    ⓒ Do/Does/Did + S + $\sqrt{V}$ ~ ? ex) Did you solve the problem?

        (너는 그 문제 풀었니?)

point.

→ Yes/No로 대답 가능

2) 의문사가 있는 경우 : 의문사를 문두로 보낸 후, V + S ~ ?

        ⓐ be 동사 + S ~?

        ex) Where are you going (너는 어디를 가고 있니?)

* 의문사 +   ⓑ 조동사 + S + $\sqrt{V}$ ~ ?

        ex) When will he leave Seoul? (그는 언제 서울을 떠날 거야?)

        ⓒ do/does/did S $\sqrt{V}$ ~ ?

    ex) What did Tom buy in the store?

        (Tom은 가게에서 무엇을 샀니?)

point.

→ Yes/No로 대답 할 수 없다.

Meta Grammar

★ 3) 부가의문문 : 평서문(긍정문/부정문) ~ , _____ S〈대명사주어〉?

┌ⓐ 긍정문 → 부정
└ⓑ 부정문 → 긍정

1. 부가의문문은 원래는 평서문이지만 뒤에 두 단어를 덧붙여서 만든 의문문이다.

2. 동사의 종류를 먼저 확인하고, 주어도 반드시 대명사를 써야 한다.

3. 대답을 주의하라.

긍정문	부정문
① be 동사의 경우 : ~ , ⎧ isn't S ? ⎨ aren't S ? ⎪ wasn't S? ⎩ weren't S ? ex) Tom is handsome, isn't he? (Tom은 잘생겼어, 안 그래?)	① be동사의 경우 : ~ , ⎧ is/are S ? ⎩ was/were S ? ex) Tom wasn't sad, was he? (Tom은 슬프지 않아, 그렇지?)
② 조동사의 경우 : ~ , 조동사 + not S ? 〈줄임말로 표기해야 한다.〉 ex) He can play tennis, can't he? (그는 테니스를 칠 수 있다, 그렇지 않아?)	② 조동사의 경우 : ~ , 조동사 S ? ex) He won't study hard, will he? (그는 열심히 공부하지 않을거야, 그렇지?)
③ 일반동사의 경우 : ~ , ⎧ don't S ? ⎨ doesn't S ? ⎩ didn't S ? ex) He studies hard, doesn't he? (그는 열심히 공부해, 그렇지 않아?)	③ 일반동사의 경우 : ~ , ⎧ do S ? ⎨ does S ? ⎩ did S ? ex) He didn't love you, did he? (그는 너를 사랑하지 않았어, 그랬지?)

④ 명령문의 경우 : ~ , will you?
  ex) Open the door, will you ?
 (문을 열어라, 그럴래?)
 	
 ⑤ Let's~ , shall we?
  ex) Let's go home, shall we ?
 (집에 가자, 그럴래?)
	⑥ 주어가 ⎧ this/that → it
	 ⎩ these/those → they
	 ex) This is a rose, isn't it ?
	 (이것은 장미야, 그렇지 않아?)
	
	 ⑦ There is ~ , isn't there ?
	 There are ~ , aren't there ?
	 ex) There are two candies, aren't there?
	 (2개의 사탕이 있다, 그렇지 않니?)
	
	 ⑧ I am ~ , ⎧ aren't I ?
	 ⎩ am I not ?

★
4) 간접의문문 《어순주의》

① 의문사가 있는 경우 : ~ 의문사 ⊕ S ⊕ V ~ ?

   ex) ⓐ Do you know _____ ?　+　Why did he go there?

      → Do you know why he ~~did go~~ there?
                             went

      (너는 그가 왜 거기에 갔는지 아니?)

      ⓑ Tell me + Why is he angry?

         → Tell me why he is angry.

        (그가 왜 화났는지 말해줘)

② 의문사가 없는 경우: ~ if(whether) ⊕ S ⊕ V ~ ?
                      (~인지 아닌지를)

   ex) ⓐ Do you know? ⊕ Is he a doctor?

      → Do you know if he is a doctor?

      (너는 그가 의사인지 아닌지 아니?)

      ⓑ I wonder ⊕ Does she study hard?

        → I wonder if she studies hard.

        (나는 그녀가 공부를 열심히 하는지 아닌지 궁금해.)

③ think 류의 경우 : 의문사를 문두로 보낸 후, S ⊕ V ~.

{ imagine
  suppose   ex) Does she think ? + Where does he live?
  believe   → Does she think where he lives? (X)
  guess   → *Where* does she think *he lives* ? (O)

      (그녀는 그가 어디에 산다고 생각하니?)

point.

간접의문문은
빈출 문제이다.

먼저, 의문사가 있
는 경우인지, 의문
사가 없는 경우인
지, think류의 경우
인지 확인하라.

〉be 동사와 조동
사의 경우는, S와
자리만 바꾸면
된다.

〉일반 동사의 경우
는 do/does/did가
사라지고, 동사의 수
와 시제를 변경해
야 한다.
      ↓
1. S가 3인칭 단수
현재인 경우, V$_{-s}$
          $_{-es}$
2. 동사의 시제가
과거인 경우, did
를 생략하고 동사
의 과거형을 쓰면
된다.

Meta Grammar

3. 감탄문 : very, really, so 등이 있는 평서문을,

How나 What을 이용하여 자신의 감정, 느낌을 강하게 표현한 문장

↓

★ (동사 뒤에 명사의 유무에 따라 결정된다.)

① What ⊕ a/an ⊕ 형 ⊕ 명 ⊕ S ⊕ V !
② How⊕ 형/부 ⊕ S ⊕ V !

ex) ⓐ He is a very smart boy.

→ What a smart boy he is !

(그는 어찌나 똑똑한 소년인지!)

ⓑ This is a very interesting story.

→ What an interesting story this is !

(이것은 어찌나 흥미로운 이야기인지!)

ⓒ These are very important problems.

→ What important problems these are !
      ~~an~~

(이것들은 얼마나 중요한 문제들인지!)

ⓓ This flower is very beautiful.

→ How beautiful this flower is !

(이 꽃이 어찌나 아름다운지!)

Note

point.

1. an의 쓰임
→무의식적으로 a
를 쓰는 경우가
많다.
발음이 모음으로
시작되는 단어 앞
에서는 반드시 an
을 써야 한다.

2. 명사가 복수인
경우, a/an을 쓰
면 안 되는데 습관
적으로 관사를 쓰는
오류들이 제법
있으니 주의해야
한다.

03. 문장의 형식
(Sentence Pattern)

문법 개념 정리 : 문장의 형식(Sentence Pattern)

*문장의 형식

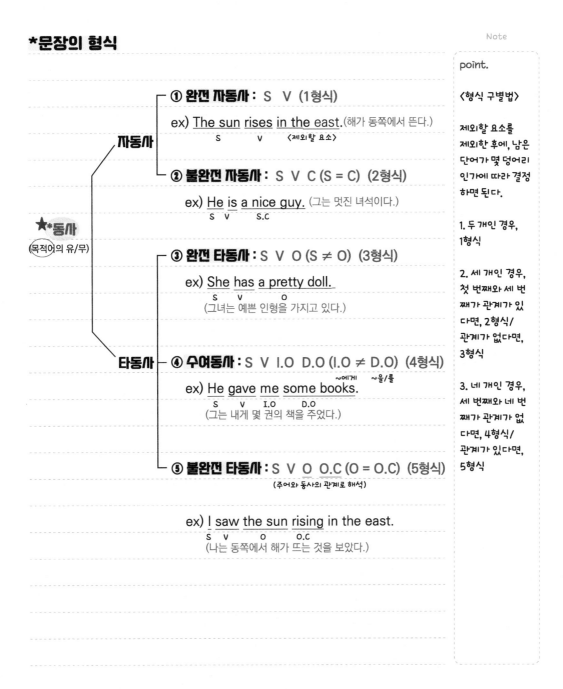

point.

〈형식 구별법〉

제외할 요소를
제외한 후에, 남은
단어가 몇 덩어리
인가에 따라 결정
하면 된다.

1. 두 개인 경우,
1형식

2. 세 개인 경우,
첫 번째와 세 번
째가 관계가 있
다면, 2형식/
관계가 없다면,
3형식

3. 네 개인 경우,
세 번째와 네 번
째가 관계가 없
다면, 4형식/
관계가 있다면,
5형식

★*동사
(목적어의 유/무)

자동사

① **완전 자동사** : S V (1형식)

ex) The sun rises in the east.(해가 동쪽에서 뜬다.)
　　 s 　　 v 　　〈제외할 요소〉

② **불완전 자동사** : S V C (S = C) (2형식)

ex) He is a nice guy. (그는 멋진 녀석이다.)
　　 s v 　 s.c

타동사

③ **완전 타동사** : S V O (S ≠ O) (3형식)

ex) She has a pretty doll.
　　 s v 　 o
　　(그녀는 예쁜 인형을 가지고 있다.)

④ **수여동사** : S V I.O D.O (I.O ≠ D.O) (4형식)

~에게　 ~을/를
ex) He gave me some books.
　　 s 　 v 　 I.O 　　 D.O
　　(그는 내게 몇 권의 책을 주었다.)

⑤ **불완전 타동사** : S V O O.C (O = O.C) (5형식)
　　　　　　　　　　(주어와 동사의 관계로 해석)

ex) I saw the sun rising in the east.
　 s v 　 o 　　 o.c
　　(나는 동쪽에서 해가 뜨는 것을 보았다.)

*형식별 요점

1) 1형식의 경우(완전 자동사)

① 1형식의 유의동사

do	좋다, 충분하다
pay	이익이 되다
count	중요하다
matter	중요하다
last	지속되다
work	효과가 있다, 작동되다

ex) It will **pay** not to sell them.

(그것들을 팔지 않는 것이 이익이 될 것이다.)

★
② There + be + S : ~이 있다 〈주어의 수(단수/복수)가 중요하다.〉

→ ⓐ There is(was) + 단수 S

ex) There **is/was a book** on the desk.

(책상 위에 책이 있(었)다.)

ⓑ There are(were) + 복수 S

ex) There **are/were books** on the desk.

(책상 위에 책들이 있(었)다.)

③ Here + be + S : 여기에 ~이 있다

→ ⓐ Here is(was) + 단수 S

ex) Here **is/was a bus**.

(여기에 버스가 있(었)다.)

ⓑ Here are(were) + 복수 S

ex) Here **are/were** two **buses**. (여기에 두 대의 버스가 있(었)다.)

point.

1. 주어의 단수/복수에 따라, 동사의 수가 결정 −수일치 시험 주의

2. 부가의문문에서 There+be 구문은, 대명사 주어를 쓰는 것이 아니라, there을 그대로 쓴다.

ex) There are two pens, aren't there?
(2개의 펜이 있어, 안 그래?)

Meta Grammar

2) 2형식의 경우(불완전 자동사)

① 감각 동사 + ⟨형용사⟩ (부사) → 시험 빈출

ex) You look happy(~~happily~~). (너는 행복해 보인다.)

〈보어자리이기에 제외할 요소인 부사가 올 수 없다〉

* 감각 동사 ─┬─ ⓐ 수동의 의미 (자동사이므로 수동태를 쓸 수 없다)

　　　　　　└─ ⓑ 감각 동사 + ⟨like⟩ + 명사
　　　　　　　　　　　　　〈전치사〉

ex) She looks **like a rabbit**.

(She looks a rabbit.〈X〉)

* 지(감)각 동사의 종류

┌─ⓐ 시각 : look, see, watch, observe, notice
│　ⓑ 청각 : sound, hear, listen to
│　ⓒ 후각 : smell
│　ⓓ 미각 : taste
└─ⓔ 촉각 : feel

② **lie, stay, stand , keep, remain + 형용사** : (~인 상태로) 있다

ex) She **kept silent**. (그녀는 침묵했다.)

③ **get, grow, become, run, turn, fall, come, go + 형용사** : ~ 되다

ex) He **fell asleep**. (그는 잠이 들었다.)

Point.

1. 감각동사 + 형용사 구문은 중2 부터 매우 자주 출제되는 표현이다.

2. 명사가 올 경우는, 반드시 전치사 like를 써야 한다. 의미의 차이는 없다.

3. 감각동사: 2형식,
지각동사: 5형식 구문에 사용된다.

④ appear, seem + 형용사 : ~처럼 보이다

ex) He **seems** (to be) **diligent.**
       (=appears)

(그는 부지런한 것처럼 보인다.)

3) 3형식의 경우(완전 타동사)

⟨cf. 4형식으로 착각하여 전치사를 생략하면 안 된다.⟩

: 전치사+명사류는 제외할 요소이기에 목적어가 하나 밖에 없어서 3형식이다.

① V ┌ A of B : A에게서 B를
   ↓ └ B from A

* 제거/박탈V →
  rob (강탈하다)
  rid (제거하다)
  relieve (없애다)
  clear (없애다)
  deprive (박탈하다)
  strip (벗기다)

ex) She robbed Tom of his bag.
   = She robbed Tom's bag **from** him.

(그녀는 Tom에게서 가방을 훔쳤다.)

② <u>V</u> ┌ A (of) B (3형식) : A에게 B를
  ↓   └ A (that) B (4형식)

{
  remind (상기시키다)
  inform (알리다)
  warn (경고하다)
  convince (확신시키다)
}

ex) He reminds me (of) his father.

(그는 나에게 그의 아버지를 상기시킨다.)

(→ 그를 보면 그의 아버지가 생각난다.)

ex) He convinced John (that) he could finish the project well.

(그는 John에게 그가 그 프로젝트를 잘 끝낼 수 있다고 확신시켰다.)

③ <u>V</u> ┌ (A) (with) B : A에게 B를
  ↓   〈사람/대상〉
       │ B (to) A
       └ B (for) A

* <u>공급V</u> → {
  provide (제공하다)   **endow** (기부하다)
  supply (공급하다)   **serve** (제공하다)
  furnish (제공하다)   **trust** (신탁하다)
}

ex) The old lady provided us (with) much money.

(그 노인분이 우리에게 많은 돈을 제공해 주셨다.)

The old lady provided much money (for/to) us.

④ 3형식 동사로만 쓰이는 타동사

announce	introduce
confess	say
explain	suggest

ex) He said to me that Jane was very smart. (3형식)

〈전치사+명사류(제외할 요소) : 목적어가 하나이므로 3형식〉

4) 4형식의 경우(수여동사)

① 4 & 5형식 구별

ex) She promised <u>me</u> to buy a car. (4형식)

I.O ≠ D.O (세번째, 네번째가 서로 관련이 없으면 4형식)

She asked <u>me</u> to buy a car. (5형식)

O = O.C (세번째, 네번째가 서로 관련이 있으면 5형식)

★ ② 4형식 –〉3형식으로의 전환

(동사에 따라 쓰이는 전치사가 달라진다.)

* 4형식 : S V   I.O   D.O

* 3형식 : S V   D.O 전치사 I.O

(to): give, show ┐, teach, tell, bring, write, lend
　　　　　　 sell
　　　　　　 send ┘

(for): make, buy, ┌ cook, ┐ get, find, build
　　　　　　　　　 choose ┘

(of): ask, inquire

point.

3형식 동사로만 쓰이는 타동사는 어법 문제로 거의 기출되지 않았다.
단지, suggest는 동명사를 목적어로 취하는 동사로 알아둘 필요는 있고,
say는 화법 전환할 때 알아둘 필요가 있다.
(평서문 화법 전환 참고)

Point.
문제 출제 유형 :
(중등부)
1. 4형식을 3형식으로 전환할 때, 전치사가 제대로 사용되었는지 확인해야 한다.

2. 4형식에서는 전치사를 쓰면 안 된다.

3. I·O:간접목적어
　　　(~에게)
　 D·O:직접목적어
　　　(을, 를)

ex) ⓐ She taught <u>us music</u>. (4형식)

　　-〉 She **taught** music ⓣⓞ us. (3형식)

　　(그녀는 우리에게 음악을 가르치셨다.)

ⓑ He bought <u>me a good bag</u>. (4형식)

　　-〉 He **bought** a good bag ⓕⓞⓡ me. (3형식)

　　(그는 나에게 좋은 가방을 사 주었다.)

ⓒ She asked <u>him some questions</u>. (4형식)

　　-〉 She **asked** some questions ⓞⓕ him. (3형식)

　　(그녀는 그에게 몇 가지 질문을 했다.)

★

※ give의 활용 구문 (시험 출제 유형)

① **give I.O D.O**	② **give D.O to I.O**
③ **N (given to N)**	④ **N (given N)**
⑤ **N (giving I.O D.O)**	⑥ **N (giving N to N)**

① He gave me a nice pen.

(그는 나에게 멋진 펜을 주었다.)

② He gave a nice pen to me.

(그는 멋진 펜을 나에게 주었다.)

③ a bag given to Jane

(Jane에게 주어진 가방)

④ Tom given the task

(업무를 받은 Tom)

⑤ the man giving them presents

(그들에게 선물을 주고 있는 그 남자)

⑥ the man giving presents to them

(선물을 그들에게 주고 있는 그 남자)

③ 4형식으로만 쓰이는 동사(수여동사) : 3형식으로 전환 불가

cost	spare	save
envy	forgive	

ex) My friend saved <u>me much money</u>.

(내 친구는 나에게 많은 돈을 절약해 주었다.)

5) 5형식의 경우(불완전 타동사)

: 동사의 종류에 따라 목적보어의 형태 결정

1. 5형식 : S   V   O   O.C.

(해석 : S와 V의 관계로)

능 동	수 동
① 무조건 : to √v	(to be) p.p
② 예외 : ⓐ 지각동사 : √v/ing	p.p.
ⓑ 사역동사	
┌ let/make/have : √v	p.p
├ help → (to) √v	
└ get → to √v	(to be) p.p.

ex) She asked me to wash her car.

(그녀는 나에게 세차를 해 달라고 요청했다.)

She <u>let /made/had</u> me <u>wash</u> her car.

She helped me (to) wash her car.

She got me to wash her car.

(그녀는 내가 그녀의 차를 세차하도록 시켰다.)

She got the fence painted.

(그녀는 울타리를 페인트 칠하도록 했다.)

point.

4형식으로 쓰이는 동사가 어법 시험 으로는 거의 출제 되지 않았다. 독해 구문에서 해석 시에만 유의하기 바란다.

point.

주어와 동사의 관계에는 항상 태가 존재한다.

Point.

매우 자주 출제되 는 구문이다. (목적격보어 자리 의 형태가 중요하 다. – 동사를 보고 결정)

*사역동사의 경우, 보통, have와 get 이 목적보어 자리 에 수동의 형태로 쓰이는 것이 기출 된다.

Meta Grammar

★ 2. to √V 를 목적보어로 취하는 대표적인 동사

```
  ┌─  ask  ─┐
  │  allow   │
  │  cause   │
  │  lead    │
  │  enable  │
  │  encourage │   +   O   +  (to √V)★
  │  expect  │
  │  force   │
  │  order   │
  │  tell    │
  │  want    │
  └─  urge  ─┘
```

ex) Tony **encouraged** John to read many books.

(Tony는 John이 많은 책을 읽도록 격려했다.)

6) 5형식 변형 구조

```
① S  V  O  ⊕  ┌─ from ~ing    ─┐
       ↓       │  out of ~ing   │ : (~하지 못하도록) 막다
               └─ against ~ing  ─┘
```

```
  ┌─ stop
  │  keep
  │  prevent
  │  prohibit
  │  hinder (방해하다)
  └─ deter (억제하다)
```

ex) My mother prevents me from playing a computer game.

(우리 엄마는 내가 컴퓨터 게임을 하지 못하도록 막으신다.)

② S V O ┌ to √V : ~하도록 ~하다
          └ into ~ing

ex) She asked me to clean the room.

(그녀는 내가 방을 청소해 달라고 요청했다.)

★③ keep의 양면성

┌ keep O ~ing : O 가 계속 ~하게 하다

└ keep O from ~ing : O 가 ~하지 못하도록 막다

ex) The noise kept me from sleeping.

(소음은 내가 자지 못하도록 막았다.)

My father keeps me playing soccer.

(우리 아버지는 내가 축구를 계속 하라고 하신다.)

④ forbid O ┌ to √V : O 가 ~하지 못하도록 금하다
            └ from ~ing

ex) My teacher forbade me ┌ to sleep much.
                           └ from sleeping much.

(우리 선생님은 내가 많이 자지 못하도록 금하셨다.)

Meta Grammar

7) O.C 자리에 형용사를 취하는 대표적인 동사 〈매우 자주 출제〉

┌─ make
│
│   find
│   ★
│   ⊕ O ⊕ O.C (형용사) 〈부사가 절대 올 수 없다.〉
│   keep
│
└─ consider

ex) I made him happy.
  (I made him ~~happily~~.)

Point.

보어는 필수성분이
므로 제외할 수 있는
부사는 절대로 올 수
없다.

문법적 접근이 아
닌, 해석으로 문제
에 접근하는 학생
들은 100% 틀리는
문제이다.

Point.

leave도 목적
격 보어자리에
형용사를 취하
는 동사로
출제되기도 한
다.

※ 자동사로 착각하기 쉬운 타동사

(자동사는 뒤에 전치사/부사가 올 수 있다.)

(하지만, 타동사 뒤에는 전치사가 올 수 없다.)

① 타동사 + ~~전치사~~ + 목적어

accompany ~~with~~	~와 동반하다	leave ~~from~~ (leave for)	~를 떠나다 (~을 향해 떠나다)
approach ~~to~~	~로 접근하다	marry ~~with~~	~와 결혼하다
attend ~~to~~	~에 참석하다	mention ~~about~~	~을 언급하다
discuss ~~about~~	~을 토의하다	reach ~~to~~	~에 도착하다
enter ~~to~~ (enter into)	~에 들어가다 (~에 착수하다)	resemble ~~with~~	~와 닮다

ex) They will **discuss** ~~about~~ the project in the evening.

(그들은 저녁에 그 프로젝트를 토의할 것이다.)

② 타동사 + 전치사 + 목적어를 취하는 표현

belong to	~에 속하다	object to	~을 반대하다
consist of	~으로 구성되다	respond to	~에 반응하다
complain of	~에 대해 불평하다	reply to	~에 응답하다
graduate from	~를 졸업하다	stare at	~을 응시하다
insist on	~을 주장하다	wait for	~을 기다리다

ex) He **was waiting for** the door to open.

(그는 문이 열리기를 기다리고 있었다.)

point.

타동사는 목적어를 필요로 하기 때문에 전치사가 올 수 없고 바로 명사가 와야 한다.

point.

어법으로 많이 출제되지는 않는다.

belong to나 consist of의 경우,

수동태 불가동사로 기출되기도 했다.

③ 주의해야 할 자동사/타동사

자동사 + 전치사/부사	타동사 + 목적어
rise-rose-risen(오르다)-rising	raise-raised-raised(올리다)-raising
arise-arose-arisen(일어나다) -arising	arouse-aroused-aroused (일으키다)-arousing
lie-lay-lain(눕다)-lying	lay-laid-laid(눕히다) – laying
sit-sat-sat(앉다)-sitting	seat-seated-seated(앉히다) – seating
fall-fell-fallen(떨어지다)	fell-felled-felled(떨어뜨리다)
marvel-marvelled-marvelled (놀라다)	surprise-surprised-surprised (놀라게 하다)
die-died-died(죽다)	kill-killed-killed(죽이다)
end-ended-ended(끝나다)	finish-finished-finished(끝내다)

ex〉 She (lay / laid) her baby on the bed. (그녀는 침대에 아기를 눕혔다.)
          O

She (lay / laid) on the bed. (그녀는 침대에 누웠다.)
         └→전치사

* Point

자동사를 쓸지,
타동사를 쓸지를
묻는 문제

〈문제 접근 방법 :
동사 뒤에 전치사
or 부사가 나왔는
지,
목적어가 나왔는
지만 확인하면 된
다.〉

대표적인 빈출
단어는
rise/raise, lie
/lay, sit/seat.
➡ ~ing로 기출
되기도 한다.

* Mini-Test

1. 1형식별 요점 ?

2. 2형식별 요점 ?

3. 3형식별 요점 3가지는 ?

4. 4형식을 3형식으로 전환하는 방법과, 그에 쓰이는 전치사와 동사의
   종류?

* Mini-Test

5. 5형식별 형식별 요점 ?

6. 5형식에서 목적보어 자리에 형용사를 취하는 대표적인 동사

7. 자동사로 착각하기 쉬운 타동사

8. 주의해야할 자동사/ 타동사

04. 시제 (Tense)

학습내용

1. 동사 시제표

2. 단순시제

3. 진행시제

4. 완료시제

5. 완료진행시제

6. 진행형 불가동사

※ 1. 동사의 3인칭 단수 동사 만드는 방법

   2. 동사의 과거형 만드는 방법

   3. ~ing 만드는 방법

4 **문법 개념 정리 : 시제 (Tense)**

*시제

〈 동사의 시제표 〉: 동사의 형태 – 12가지(시제) + 8가지(수동태) = 20가지

		능 동 태	수 동 태 (be ⊕ p.p)
현재		단순현재	am / are / is ⊕ p.p
		완료 : have(has) p.p	have(has) been p.p
		진행 : am / are / is ⊕ ~ing	am / are / is ⊕ being p.p
		완료진행 : have(has) been ~ing	x
과거		단순과거	was / were ⊕ p.p
		완료 : had p.p	had been p.p
		진행 : was / were ⊕ ~ing	was / were ⊕ being p.p
		완료진행 : had been ~ing	x
미래		단순미래 : will √v	will be p.p
		완료 : will have p.p	will have been p.p
		진행 : will be ~ing	x
		완료진행 : will have been ~ing	x

* 현재완료 진행 : 현재완료 : have(has) p.p

$+$) 진행 : ⟶ be ~ing

have(has) been ~ing

* 완료 수동 : 완료시제 : have(has) p.p

$+$) 수동 : ⟶ be p.p

have(has) been p.p

* 진행 수동 : 진행 : be ~ing

$+$) 수동 : ⟶ be p.p

be being p.p

1) 현재시제(어제도, 오늘도, 내일도 반복적으로 발생하는 일을 나타낼 때)

1. 현재의 생각, 동작

ex) I **think** that playing the piano **is** exciting.

(나는 피아노 치는 것이 흥미롭다고 생각한다.)

2. 현재의 습관, 반복적인 일, 현재의 직업

ex) I **get up** at 7 o'clock every day.

(나는 매일 7시에 일어난다.)

3. 불변의 진리

ex) The sun **rises** in the east.

(해가 동쪽에서 뜬다.)

4. 일반적 사실 or 과학적 사실

ex) My teacher **said** that Seoul **is** the capital of Korea.

(선생님이 서울이 한국의 수도라고 말씀하셨다.)

(선생님이 과거에 말씀하셔서 종속절도 과거시제를 써야 하지만

일반적 사실이므로 반드시 현재시제를 써야 한다.)

5. 정해진 시간표

ex) My mother **said** that the class **begins** at 10.

(엄마는 수업이 10시에 시작한다고 말씀하셨다.)

6. 속담, 격언

ex) Too many cooks **spoil** the broth.

(요리사가 너무 많으면 죽을 망친다.)

point.

현재시제와
현재진행형을
혼동하지 마라.

>국어에서는 시제
의 분화가 덜 되어
현재시제를 현재
진행으로 착각하
기 쉽다.

point.

시제 일치의
예외라고 한다.

★

7. 때(when, while, until~)나 조건(if, unless~)을 나타내는 <u>부사절</u>에서는

★→<u>현재시제가 미래시제를 대신한다.</u>

→**현재완료가 미래완료를 대신한다.**

> If s ~~will~~ √V ~,　s will √V ~
> 〈동사의 현재형〉★

ex) If it ~~will snow~~ tomorrow, I will go skiing.
　　　　 snows

(만약 내일 눈이 오면, 나는 스키를 타러 갈 것이다.)

★
※ 주의 : 명사절/형용사절인 경우는, 그냥 시제의 일치에 맞게 쓴다.

ex) Tell me <u>when you will finish the work.</u>
　　　〈명사절이므로, 현재시제가 아닌 미래시제를 써야한다.〉
　　　(목적어 자리)

※ 동사의 3인칭 현재 단수형 만드는 방법

　① 대부분 ⊕ -s

　　ex) play – plays

　② -s, -ss, -sh, -ch -z, -x, -o ⊕ -es

　　(암기요령: 스쉬치즈는 먹으면 안돼요.)

　　ex) watch – watches

　③ 자음 ⊕ y → ies

　　ex) study – studies

2) 현재진행시제

1. 지금 말하고 있는 중 일 때 진행되고 있는 동작(행동)

: 보통, now와 함께 쓰인다.

ex) I **am playing** soccer with my friends now.

(나는 지금 친구들과 축구를 하고 있는 중이다.)

2. 현재를 중심으로 일어나는 변화

ex) It **is getting** colder and colder.

(점점 더 추워지고 있다.)

3. 현재진행형 ⊕ 미래어구 → 가까운 미래를 나타낸다.

　(tomorrow, next...)

ex) I **am playing** soccer with my friends tomorrow.

(나는 내일 친구들과 축구를 할 것이다.)

〈현재시제와 현재진행시제 구별〉

현 재	현 재 진 행
반복적	말하는 시점에 진행 중
지속적	일시적
동작v/상태v	동작v
빈도부사와 함께 쓰인다.	빈도부사와 함께 잘 쓰이지 않는다. 간혹, 쓰이는 경우는 짜증스런 상황을 나타냄. ex) You are always watching TV. (너는 항상 TV를 보는구나.)

3) 과거시제

1. 과거의 습관, 동작, 생각

ex) I <u>got up</u> late today. (나는 오늘 늦게 일어났다.)

2. 과거의 역사적인 사실

ex) Tom said that Columbus **discovered** America in 1492.

(Tom은 Columbus가 1492년에 미국을 발견했다고 말했다.)

3. 반드시 과거시제를 써야하는 어구

yesterday	just now (방금)
ago	when (완료시제 쓸 수 없음)
last	at that time (그 당시에)
지나간 년도	in the past (과거에는)
then (과거의 그때)	

ex) When ~~have~~ you ~~bought~~ the book? (너는 언제 그 책을 샀니?)
   did   buy

(When은 분명한 시점을 나타내기 때문에
막연한 시점을 나타내는 완료시제와 함께 쓸 수 없다.)

point.

Columbus가 미국을 발견한 사건이 Tom이 말한 것보다 이전이지만 과거의 역사적 사실이므로 항상 과거시제를 써야 한다.

point.

* 현재완료와 구별할 때, 암기해 두면 쉽게 문제를 풀 수 있다.
(단, 그 앞에 since가 있다면 since를 우선시한다.
→ 현재완료)

ex) It has rained since yesterday.

*중2때부터 과거시제와 현재완료가 출제된다.

point.

ago :
과거시제
와 함께
before :
완료시제
와 함께

*일반동사의 과거형 만드는 방법

1) 규칙변화

├─ 1. 대부분 : -ed

ex) play – played

├─ 2. 자음 ⊕ y : ied

ex) study – studied

└─ 3. 단모음 ⊕ 단자음 : 자음 ⊕ ed

ex) stop – stopped

2) 불규칙 변화

├─ 1. A-A-A : ex) cut-cut-cut

├─ 2. A-B-B : ex) bring-brought-brought

├─ 3. A-B-C : ex) go-went-gone

└─ 4. A-B-A : ex) come-came-come

4) 과거진행시제 : 과거의 어느 한 시점에 진행되고 있는 동작(행동)

과거	과거 진행
완료(이미 끝난 일)	완료(x) / 진행 중

ex) He was watching TV when I came back home.

(내가 집에 돌아왔을 때, 그는 TV를 보고 있었다.)

★**5) 현재완료시제 :** <u>have(has) p.p</u> : 과거의 일이 현재까지 영향을 미침
         └→〈조동사 취급〉

과거   현재

ex) I **have lost** my bag. (과거에 가방을 잃어 버렸고, 아직 찾지 못함)

    I <u>lost</u> my bag. (과거에 가방을 잃어 버렸고, 찾았는지, 못 찾았는지 모름)

※ **과거와 현재완료의 구별** 〈어법 문제로 빈출〉

	시점	기간
과거	분명한 시점	과거에 이미 끝난 기간
현재완료	막연한 시점	현재까지의 기간

★반드시 과거시제를 써야하는 어구와 현재 완료를 나타내는 전치사 or 부사를 암기

하면 쉽게 문제를 풀 수 있다.

Point.

현재완료와 과거
시제가 올바르게
쓰였는지 묻는
문제가 많이
출제된다.

1. 현재완료의 의문문 만드는 방법

A: Have(Has) S p.p.~?
B: ┌ Yes, S have(has)
   └ No, S haven't (hasn't)

ex) A : **Have** you **met** BTS before? (전에 BTS 만난 적 있니?)
    B : ┌ No, I haven't.
        └ Yes, I have.

Point.

영어는 질문하는 동사의 종류로 대답해야 한다. have(has) p.p 에서 'have/has'를 조동사 취급하므로, have 나 has 로 대답해야 한다.

2. 현재완료의 부정문 만드는 방법

① **have not p.p.**

= (haven't)

ex) I **have not studied** math since last year.

(나는 작년 이후로 수학 공부를 하지 않는다.)

② **has not p.p. (주어가 3인칭 단수인 경우)**

= (hasn't)

ex) She **has not studied** math for two hours.

(그녀는 2시간 동안 수학 공부를 하고 있지 않다.)

3. 용법

a) 경험 : ~한 적이 있다 : ever, never, before, $\begin{bmatrix} \text{many times} \\ \text{twice} \\ \text{once} \end{bmatrix}$,have been to (다녀온 적이 있다)

ex) She **has been to** England **before**.

(그녀는 전에 영국에 다녀온 적이 있다.)

b) 계속 : ~해왔다 : for(~동안) ⊕ 숫자의 기간, how long
since(~이후로) ⊕ 시점

ex) I have lived in Seoul **for** 10 years.

(나는 10년동안 서울에서 살고 있다.)

c) 완료 : ~했다 : just, already, yet, now, (recently, lately)

ex) He has **already** finished his homework.

(그는 이미 숙제를 끝냈다.)

d) 결과 : ~해버렸다 : p.p. : lost, g̊one, bought

ex) She has **gone** to England.

(그녀는 영국에 가버렸다.)

4. 서술형 대비

ex) I started to study English two years ago.

I still study it.

→I **have studied** English **for** two years.

(나는 2년 동안 영어를 공부해오고 있다.)

Point.

전치사 or 부사를 암기하면 용법 문제를 쉽게 풀 수 있다.

Point.

결과용법은 p.p형 확인
★gone : 3인칭 주어만 가능 (가버리고 없다)

Point.
'2년 전에 영어를 공부하기를 시작했고, 여전히 공부한다' 의 의미이므로, have studied 를 써야 하지만, have started를 쓰는 경우가 적지 않다. started는 시작 시점만 나타낼 뿐이니 유의해야 한다.

Meta Grammar

6) 현재완료 진행시제 : 과거부터 현재까지⊕진행 : ~해오고 있다

→ 단, snow, rain, teach, work, live 동사의 경우는,

현재완료와 현재완료진행 둘 다 쓸 수 있다.

ex) I ┌ have lived ─┐ in Korea for ten years.

└ have been living ─┘ (나는 10년 동안 한국에 살고 있다.)

※ 서술형 대비:

ex) I started to play the piano three hours ago.

I am still playing the piano.

→ I **have been playing** the piano for three hours.

(나는 3시간 동안 피아노를 치고 있다.)

★ **7) 과거완료시제 : 과거보다 한 시제 이전인 경우**

ex) My brother **had already gone** to school when I **got** up.

(내가 일어났을 때, 내 동생은 이미 학교에 갔다.)

8) 과거완료 진행시제 : 과거이전부터 과거 ⊕ 진행 : ~해오고 있었다

ex) I **had been watching** TV when my parents came back.

(부모님이 돌아오셨을 때 TV를 보고 있었다.)

Point.

암기법
: 눈이오나(snow)
비가오나(rain)
가르치는(teach)
일(work)을 하며
산다(live)

→ 중3 부터
출제된다.

Point.

중3때부터
출제된다.

주절의 시제가 과
거일 때, 종속절의
시제가 그것보다
한 시제 이전인
경우에 쓰인다.

〈서로 시제를 바
꿔서 오답을 유도
하기도 하니까 기
준 시점을 잘 확인
하라.〉

9) 미래시제 → 현재에서 바라본 미래

단순미래 : 의지가 담겨져있지 않은 미래

의지미래 : 의지가 담긴 이미 계획된 미래

※미래를 나타내는 표현들

1. will

① 가만히 있어도 저절로 오는 미래

ex) I **will** be seventeen years old next year.

(나는 내년에 17살이 된다.)

② 말하는 순간에 결정한 미래

ex) I **will** answer the phone.

(내가 전화를 받을게.)

2. be going to : 이미 계획된 미래

ex) I **am going to** travel to England next month.

(나는 다음 달에 영국으로 여행을 갈 거야. : 미리 계획된 여행)

3. 왕래발착동사(현재/현.진) ⊕ 미래어구 → 가까운 미래를 나타낸다.
(tomorrow, next …)

ex) I am leaving Seoul next Sunday.

(나는 다음 주 일요일에 서울을 떠날거야.)

Point.

왕래발착동사란?

'오고(come), 가고(go), 출발하고(start,leave), 도착하다(arrive)'에 해당되는 동사.

4. be-to용법 : ~할 것이다

ex) I am to meet Insung today.
     =will
(나는 오늘 인성이를 만날거야.)

5. be about to √V : 막~ 하려고 하다

ex) I was about to study.

(나는 막 공부를 하려고 했었다.)

6. be supposed to √V : ┌ ~하기로 되어 있다
                              └ ~해야 한다

ex) The meeting is supposed to be held at 3 o'clock.

(그 모임은 3시에 열리기로 되어 있다.)

7. be willing to √V : 기꺼이 ~하려고 하다
       ↔ unwilling

ex) He is willing to help the poor lady.

(그는 기꺼이 그 불쌍한 여인을 도와주려고 한다.)

8. be likely to √V : ~할 것 같다 (복문 : It is likely that~)

ex) She is likely to buy the beautiful furniture.

(그녀가 그 아름다운 가구를 구입할 것 같다.)

9. would like to √V : ~하고 싶다

ex) I would like to eat dinner.

(나는 저녁을 먹고 싶다.)

Point.

전치사 다음에는 반드시 명사류를 써야한다. 동사를 명사화 시키는 방법이 to √V 와 동명사(~ing)이다. 전치사 다음에는 반드시 동명사를 써야 한다. 그러나, be about to √V 는 예외적인 부분이기 때문에 중요하다.

10) 미래진행시제 : 미래의 어느 한 시점에 진행 중인 동작(행동)

↳ ~하고 있는 중일 것이다

ex) I **will be meeting** my friend at 5 o'clock.

(나는 5시에 친구를 만나고 있을 거야.)

11) 미래완료시제

1. 미래의 어느 한 시점에 완료

2. 미래에서 바라본 미래

ex) I **will have done** my homework until tomorrow.

(나는 내일까지는 그 숙제를 다 해놓을 것이다.)

12) 미래완료진행시제 : 과거 → 현재 → 미래 ⊕ 진행

↳ ~해오고 있는 중일 것이다

ex) I **will have been cleaning** my room when you ~~come~~ back.
(will come)

(나는 네가 돌아올 때, 방을 청소해오고 있는 중일 거야.)

〈때나 조건을 나타내는 부사절에서는 현재 시제가 미래시제를 대신한다.〉

시간(때) 접속사	조건의 접속사
when	if
while	unless
until	as long as
after	in case
before	once
⋮	

point.

과거완료가 과거
보다 한 시제 이
전이듯이 미래완
료도 미래의 어느
한 시점 이전에
완료되는 시제라
고 이해하면 된다.

point.

부사절 확인법

①접속사 S V,
S V

②S V ~, 접속사
S V

→, 앞쪽과 뒤에
종속절이 있는 경
우는 부사절이라고
보면 된다.

or 타동사가 아닌
다른 품사 뒤에 종
속절이 오는 경우도
부사절
➡ 동사수식

Meta Grammar

※ 진행형 불가동사

— ①(인)식v : know, think, believe...

— ②(상)태v : resemble, exist...

— ③(바)람v : want, hope...

— ④(지)각v : look, sound...

— ⑤(감)정v : love, like...

— ⑥(소)유v : have, own, belong to(~에 속하다)

ex) This house ~~is belonging to~~ me.
          belongs to

〈주의〉 I am **having** lunch now.
          ↳ '먹다'라는 뜻이므로 진행형 가능

point.

암기법
-인.상.바.지.감.소

point.

have가 '먹다',
'시간을 보내다'의
뜻으로 쓰이는
경우는 진행형이
가능하다.

※~ing 만드는 방법

1. 대부분 : ~ing	ex) study → studying
2. -e로 끝나는 경우 : - ~~e~~ ⊕ ing	ex) write → writing
3. 단모음 ⊕ 단자음 : 자음 + ~ing	ex) put → putting
4. -ie 로 끝나는 경우 : ie를 y로 고치고 ~ing	ex) lie → lying

* Mini-Test

1. 동사의 20가지 형태를 쓰시오.

2. 현재 시제를 써야하는 경우를 쓰시오.

3. 현재완료와 과거 시제의 차이점과 반드시 과거 시제를 써야하는 어구를 쓰시오.

4. 현재완료의 부정문과 의문문 만드는 방법과 현재완료 용법을 구체적으로 쓰시오.

5. 과거완료와 미래완료에 대해서 서술하시오.

6. 현재완료 진행형에 대해서 구체적으로 서술하시오.

7. 진행형 불가 동사를 쓰고, 해당되는 단어의 예를 3개 이상 쓰시오.

05. 조동사 (Modal)

문법 개념 정리 : 조동사 (Modal)

*조동사

⟨ 정의 : 혼자 쓸 수 없고, 다른 동사를 도와주는 동사 ⟩

1) 조동사의 성질

① 조동사 ⊕ $\sqrt{V}$

　ex⟩ She will **study** hard.

　　(그녀는 열심히 공부할 것이다.)

② **부정문** : 조동사 ⊕ not ⊕ $\sqrt{V}$

　ex⟩ She **can not** play the guitar.

　　(그녀는 기타를 칠 수 없다.)

③ **의문문** : 조동사 ⊕ S ⊕ $\sqrt{V}$ ~?

　ex⟩ Can she **play** the guitar?

　　(그녀는 기타를 칠 수 있니?)

★
④ **조동사끼리는 절대로 나란히 쓸 수 없다.**

　ex) You will can ride a bike well.
　　(will be able to)
　(너는 자전거를 잘 탈 수 있을 것이다.)

⑤ **진행형** : 조동사 ⊕ be ⊕ ~ing

　ex) Joy **must be sleeping** in the living room.

　　(Joy는 거실에서 자고 있는 중임에 틀림없다.)

Note

point.

1. 조동사의 성질

2. 각 조동사의 쓰임

3. 조동사 have p.p. 의미 파악

point.

조동사의 성질 중에서, 조동사끼리는 절대로 나란히 쓸 수 없 다는 표현을 기억.

⑥ **수동태** : 조동사 ⊕ be ⊕ p.p.

ex) You must clean your room.

→ Your room **must be cleaned** by you.

(네 방은 너에 의해 청소되어야 한다.)

2) 조동사의 종류

1. can ─① **가능, 능력** : ~할 수 있다(=be able to)

ex) I **can(=am able to)** play soccer well.

(나는 축구를 잘 할 수 있다.)

└② **허가** : ~해도 좋다(=may)

ex) **Can** I use your pen?

(내가 네 펜을 좀 사용해도 되니?)

※ <u>could</u>

─① **can의 과거형**

ex) He was so smart that he could solve the problem.

(그는 너무 똑똑해서 그 문제를 풀 수 있었다.)

└② **정중한 부탁**

ex) **Could** you open the door?

(문을 열어주시겠어요?)

2. will ─① **예정(미래의 의미)** : ~할 것이다

ex) She **will** meet my friend next week.

(그녀는 다음 주에 내 친구를 만날 거야.)

└② **고집** : ~하려고 하다

ex) The door **won't** open.

(문이 열리지 않을거야.)

point.

can이 be able to와 같은 표현이라 하여 그대로 be를 쓰는 오류를 범하기도 한다. 꼭. 주어에 따라 am/are/is로 바꾸어야 한다.

※ <u>would</u>

① **will의 과거형**

ex) I **thought** that he **would** meet his friends.

(나는 그가 그의 친구들을 만날 거라고 생각했다.)

② **과거의 불규칙적인 습관 : ~하곤 했다**

ex) I **would** go fishing when I was young.

(나는 어렸을 때 낚시를 하러 가곤 했다.)

③ <u>고집</u> : ~하려고 했다

ex) He **wouldn't** eat dinner any more.

(그는 더 이상 저녁을 먹으려고 하지 않았다.)

④ **정중한 부탁**

ex) **Would** you close the door ?

(문을 열어주시겠어요?)

3. may ① <u>약한 추측</u> : ~일지도 모른다(50% 추측)

ex) She may buy the red car.

(그녀는 그 빨간 차를 살지도 모른다.)

② **허가** : ~해도 좋다(=can)

ex) You **may** go home.

(너는 집에 가도 좋다.)

※ <u>might</u>

① **may의 과거형**

② **현재형으로 쓰이기도 한다.** : may보다 좀 더 약한 추측

4. must ─① **강한 추측** : ~임(함)에 틀림없다

↔ ~일 리가 없다 (cannot be)

~ 할 리가 없다 (cannot $\sqrt{V}$)

ex) He **must** be a good student.

(그는 훌륭한 학생임에 틀림없다.)

② **의무** : ~해야 한다 = ┌ have to

has to

└ 과거 : had to

ex) He <u>must</u> study hard to pass the test.
〈=has to〉
(그는 시험에 합격하기 위해 열심히 공부해야한다.)

*must not ≠ ┌ don't have to $\sqrt{V}$ ~할 필요가 없다

〈강한부정〉 = │ don't need to $\sqrt{V}$

(~해서는 안된다) └ need not $\sqrt{V}$

↔ need to $\sqrt{V}$ ~할 필요가 있다

ex) A : Must I clean the room? (내가 방을 청소해야 돼?)

B : No, you don't have to. (아니야, 그럴 필요 없어.)

point.

must는 have to
와 바꾸어 쓸 수가
있지만, 부정은 절
대로 바꾸어 쓸 수
없다.

* '~할 필요가 없
다' 그 자체의 표
현을 기억해두라.

* must 는
과거형이 없다.

5. do

① **일반동사** : ~하다

    ex) I did my homework. (나는 숙제를 했다.)

② **조동사** : 의문문, 부정문의 경우

    ex) Did you do your homework? (너는 숙제했니?)
      (조동사) (일반동사)

★③ **동사강조** : $\begin{pmatrix} do \\ does \\ did \end{pmatrix} \oplus \sqrt{V}$

    ex) I did do my homework. (나는 숙제를 (정말로) 했다.)
      (동사강조)

★④ **대동사** : 한 문장에서 앞에 나온 일반동사를 대신하여

    쓰인 동사 (비교구문으로 빈출됨)

    ex) I study as hard as you do. (나는 너만큼 열심히 공부한다.)
        (대동사: study)

6. should : ~해야 한다 (충고나 제안, 공중·도덕적인 의무)

    (=ought to)

    ex) You **should(=ought to)** obey your teacher.

    (너는 선생님께 순종해야해.)

※ **부정** : should not = shouldn't = ought not to $\sqrt{V}$

    ex) You **shouldn't** (= ought not to) play a game at night.

    (너는 밤에 게임을 해서는 안 된다.)

point.

대동사의 경우,
앞의 동사가 be
동사일 때는 do/
does/did가 아
닌, be동사를
써야 한다.

ex) He is taller
than I am.
~~(do)~~

7. used to √V
〈과거의 일〉

① **과거의 규칙적인 습관 : ~하곤 했다**

ex) I collected stamps ago.

But I don't now.

(나는 우표를 전에 모았다. 그러나 지금은 아니다.)

→ I **used to** collect stamps.

(나는 우표를 모으곤 했다.)

② **과거의 일정한 상태 : ~였었다**

ex) There was a big tree here.

But it isn't now.

(여기에 큰 나무가 있었다. 그러나 지금은 없다.)

→ There **used to** be a big tree here.

(여기에 큰 나무가 있었다.)

★***주의**

① **be used to√V : ~하는데 사용되다** (사물 S)★

(→ use O to√V : o를 to√V 하기위해 사용하다)

ex) The tool was used to make the table. 〈사물주어〉

(그 도구는 테이블을 만드는데 사용되었다.)

② $\left(\begin{matrix} be \\ get \end{matrix}\right)\left(\begin{matrix} used \\ accustomed \end{matrix}\right)$ to~ing :~하는데 익숙해지다 (사람 S)★

ex) Peter **is used to getting** up early. 〈사람주어〉

(Peter는 일찍 일어나는데 익숙해졌다.)

※ used to √V 시험 출제 유형

★
1. (used to + √V) : 문장의 동사로 쓰인 경우다.

　　　　　　　　　　다른 동사가 없어야 한다.

2. (be used to) 다음에 ╱ 동사 원형이 오는지,

　　　　　　　　　╲ ~ing가 오는지가 매우 자주 출제됨.

➡ 이 경우에는, 주어를 확인하라.

　　★
　① 주어가 사물인 경우, to ⊕ √V

　　★
　② 주어가 사람인 경우, to ⊕ ~ing

★
3. (N used to ⊕ √V ⊕ V~) : 이 경우, 동사가 없으므로, 조동사로 쓰여
　　　　　　　(?)

　　　　　　　　　(√V)을 써야한다.

4. N (used ╱to √V ~) V ~ .
　　　　　 ╲to ~ing ~ V ~ .

➡ 이 경우는, used가 p.p형으로 쓰였다.

　결국, 앞의 명사를 꾸며 주는 경우이므로, 명사가 사람인지, 사물인지

　확인하고 정답을 고르면 된다.

ex) The tool (used to make a chair) is ~ .

　　(의자를 만드는 데 사용되는 도구는 ~ 이다.)

ex) The boy (used to painting) tried painting his chair.

　　(페인트를 칠하는데 익숙해진 그 소년은 시험삼아 그의 의자를 칠해보았다.)

★**8. had better : 분리 할 수 없다.**

┌ ① had better ⊕ √V : ~하는 게 낫다(명령어조)

　　ex) You **had better** read a book every day.

　　　　(너는 매일 책을 읽는 게 낫다.)

└ ② 부정 : had better not √V : ~하지 않는 게 낫다

　　ex) He **had better** not meet such a mean friend.

　　　　(그는 그 같은 비열한 친구를 만나지 않는 게 낫겠다.)

point.

두 단어 이상의 조동사들의 특징은 분리되지 않는다 는 것이다. 그래서, not도 반드시 그 뒤에 위치한다.

9. would rather √V : ~하는 게 차라리 낫다

　　ex) I **would rather** sleep now.

　　　　(나는 지금 자는 게 낫겠다.)

10. would rather A(√V) than B(√V) : B하느니 차라리 A하는 게 낫다

　　ex) I **would rather** sleep **than** watch TV now.

　　　　(나는 지금 TV를 보느니 차라리 잠을 자는 게 낫겠다.)

11. may (might) well √V : ~하는 게 당연하다

　　ex) He **may well** be angry if he hears the news.

　　　　(만약 그가 그 소식을 듣는다면 화를 내는 게 당연하다.)

12. may (might) as well √V : ~하는 게 낫다

　　ex) You **may as well** not be worried about the project.

　　　　(너는 그 프로젝트에 대해 걱정하지 않는 게 낫다.)

★**13. cannot ~ too : 아무리 ~해도 지나침이 없다.**

　　ex) You **cannot** be **too** careful when driving a car.

　　　　(너는 운전할 때 아무리 주의해도 지나침이 없다.)

point.

cannot ~too 표현은 고등부 내신과 수능어법 에도 기출된다.

※ 조동사의 의미를 지닌 다른 표현들

1. cannot help ~ing : ~하지 않을 수 없다

$$= \begin{cases} \text{cannot but } \sqrt{V} \\ \text{cannot help but } \sqrt{V} \\ \text{have no } \begin{cases} \text{choice} \\ \text{option} \\ \text{alternative} \end{cases} \text{but to } \sqrt{V} \end{cases}$$

ex) I cannot help reading a book because of its importance.

(나는 독서의 중요성 때문에 책을 읽지 않을 수가 없다.)

2. would like to √V : ~하고 싶다

ex) I would like to meet BTS.

(나는 BTS를 만나고 싶다.)

3. be about to √V : 막 ~하려고 하다

ex) I am about **to leave** for Seoul.

(나는 서울로 막 떠나려고 한다.)

point.

1. would like
   ⊕ 명사

2. would like
   to √V : 3형식

3. would like
   ⊕ 목적어
   ⊕ to √V
   : 5형식

4. be likely to √V : ~할 것 같다 (복문 : It is likely that S V ~ .)

ex) It is likely to rain soon. (곧 비가 올 것 같다.)

(=It is likely that it will rain soon.)

5. be willing to √v : 기꺼이 ~하려고 하다

ex) He was willing to volunteer so difficult a job.

(그가 기꺼이 그렇게 어려운 일을 자원봉사하려고 했다.)

6. be supposed to √v : ┌ ~하기로 되어있다
                               └ ~해야 한다

ex) She is supposed to wash the car.

(그녀는 세차를 해야 한다.)

7. be apt to √v : ~하기 쉽다, ~하는 경향이 있다

ex) She is apt to be forgetful easily.

(그녀는 쉽게 잊는 경향이 있다.)

8. be – to √v : ~할 것이다 (=will)

(to√v의 형용사적 용법의 be –to용법 참고)

ex) He **is to** meet his friend in the evening.
       〈= will〉

(그는 저녁에 그의 친구를 만날 예정이다.)

point.

So⊕형⊕명
a⊕명

=such⊕a
⊕형⊕명

→ 꽤 ~한
(어순을 꼭 암기)

★ 3) 조동사 + have + p.p. : 과거의 일

★may(might) have p.p. : ~했(였)을지도 모른다

★must have p.p. : ~했(였)음에 틀림없다.

cannot have p.p. : ~했(였)을 리가 없다.

could have p.p. : ~했(였)을 수도 있었다 (가능성)

★should have p.p. : ~했어야 했는데 (안했다)

★should not have p.p. : ~하지 말았어야 했는데 (했다)

need have p.p. : ~할 필요가 있었는데 (안했다)

need not have p.p. : ~할 필요가 없었는데 (했다)

ex) My sister was very sick yesterday.

　(내 동생은 어제 너무 아팠다.)

➡ I **should have paid** attention to her.

　(내가 동생에게 주의를 기울였어야 했는데 못했다.)

ex) It **must have been** used to count numbers.

　(그것은 숫자들을 세는데 사용되었음에 틀림없다.)

✽ *Mini-Test

1. 조동사의 성질을 서술하시오.

2. must 에 대해 구체적으로 서술하시오.

3. ~하는 게 차라리 낫다 / ~하느니 차라리 ~하는 게 낫다

4. ~하는 게 당연하다 / ~하는 게 낫다

5. had better / used to 에 대해 구체적으로 서술하시오.

6. 조동사의 의미를 지닌 기타 표현들을 뜻과 함께 쓰시오.

7. 조동사 have p.p.를 뜻과 함께 쓰시오.

06. 수동태 (Passive Voice)

6

문법 개념 정리 : 수동태 (Passive Voice)

※태 : * 능동태 : 주어가 동사의 행위를 가하는 주체

* 수동태 : 주어가 동사의 행위를 당하는 주체

※ 동사의 시제표

	능 동 태	수 동 태 (be ⊕ p.p)
현재	단순현재	am / are / is ⊕ p.p
	완료 : have(has) p.p	have(has) been p.p
	진행 : am / are / is ⊕ ~ing	am / are / is ⊕ being p.p
	완료진행 : have(has) been ~ing	x
과거	단순과거	was / were ⊕ p.p
	완료 : had p.p	had been p.p
	진행 : was / were ⊕ ~ing	was / were ⊕ being p.p
	완료진행 : had been ~ing	x
미래	단순미래 : will √v	will be p.p
	완료 : will have p.p	will have been p.p
	진행 : will be ~ing	x
	완료진행 : will have been ~ing	x

* **현재완료 진행 :**   현재완료 : have(has) p.p

  +) 진행 :   be   ~ing

  have(has) been   ~ing

* **완료 수동 :**   완료시제 : have(has) p.p

  +) 수동 :   be   p.p

  have(has) been   p.p

* **진행 수동 :**   진행 :   be   ~ing

  +) 수동 :   be   p.p

  be   being   p.p

Note

point.

시제 부분에서
동사의 시제표를
정리했으나,
한번 더
복습하도록,
다시 정리를 함.

6. 수동태 (Passive Voice)

79

※ 수동태 전환 방법 (평서문, 의문문, 명령문의 경우)
〈부정문, 긍정문〉

★ 1) 평서문의 경우

1. 3형식의 경우

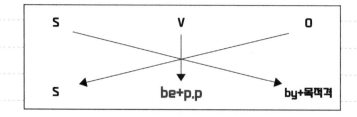

ex) She was cleaning her room. (그녀는 그녀의 방을 청소하고 있었다.)

→ Her room **was being cleaned** by her.

(그녀의 방은 그녀에 의해 청소되고 있었다.)

2. 4형식의 경우

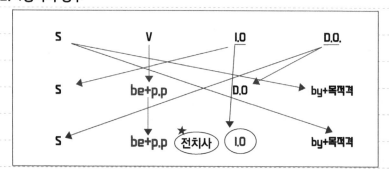

point.

직접목적어가
주어로 가는
수동태에서는
간접목적어 앞에
전치사를 쓴다.

```
┌─ to : give / Show / teach / tell / bring / write / lend
│       Sell
│       Send
│           *(암기법 : g s t t bring write lend)
│
├─ for : make / buy / cook / get / find / build
│           *(암기법 : mbc mbc mbc get find build)
│           *〈KBS KBS KBS 한국방송 : CM송 버전〉
│
└─ of : ask, inquire
```

ex) ⓐ She taught us English. (그녀는 우리에게 영어를 가르쳐 주었다.)

→ We **were taught** English by her.

→ English **was taught** (to)us by her.

ex) ⓑ She bought me a nice bag.(그녀는 나에게 멋진 가방을 사주었다.)

→ I **was bought** a nice bag by her. (x)

→ A nice bag **was bought** (for)me by her.

3. 5형식의 경우

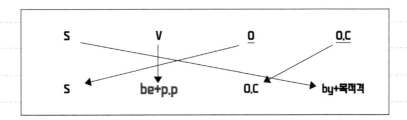

ex) She calls me "Honey".

→ I **am called** "Honey"by her.

(그녀는 나를 Honey라고 부른다. : 나는 그녀에 의해 Honey라고 불리워진다.)

★★
Point.

① **call A B** : A를 B라 부르다

   ex) I call my friend a liar.

   (나는 내 친구를 거짓말쟁이라고 부른다.)

ⓐ **N calling A B** : A를 B라 부르는 N

   ex) my friend [(calling) me a liar]

   (나를 거짓말쟁이라고 부르는 내 친구)

ⓑ **N called B** : B라 불리워지는 N 〈시험빈출 표현〉

   ex) a friend [(called) a liar]

   (거짓말쟁이라고 불리워지는 친구)

ⓒ **A be called B** : A는 B라 불린다

   ex) My friend is called a liar.

   (내 친구는 거짓말쟁이라고 불린다.)

② **name A B** : A를 B라 이름 짓다

ⓐ **N naming A B** : A를 B라 이름 지은 N

ⓑ **N named B** : B라 이름 지어진 N

   ex) a boy [(named) David] (David라고 이름 지어진 소년)

ⓒ **A be named B** : A는 B라 이름 지어지다

③ **name A after B** : A를 B의 이름을 따서 짓다

   ^{수동태}→ **A be named after B** : A는 B의 이름을 따서 지어지다.

point.

수동형으로
빈출된 표현.
5형식 구문에서는
call이나 name
뒤에 명사류가
2개 있어야 하지만
하나밖에 없다면,
반드시 수동형을
써야한다.

Meta
Grammar

ex) My parents <u>named</u> my name <u>after</u> a famous actor.

→ My name **was named after** a famous actor by my parents.

(내 이름은 부모님들에 의해 유명한 배우의 이름을 따서 지어졌다.)

2) 의문문의 경우

1. 의문사가 없는 경우

```
┌ Be ⊕ S ⊕ p.p ⊕ by ⊕ 목적격~?
└ Have(Has) ⊕ S ⊕ been ⊕ p.p ⊕ by ⊕ 목적격~?
```

ex) Did you buy a book yesterday?

→ <u>Was a book bought</u> by you yesterday?
     be   S   p.p

(어제 너에 의해 책이 구입되었니?)

2. 의문사가 있는 경우

```
┌ 의문사 ⊕ be ⊕ S ⊕ p.p ⊕ by ⊕ 목적격~?
└ 의문사 ⊕ have(has) ⊕ S ⊕ been p.p ⊕ by ⊕ 목적격~?
```

ex) When did he make the tables?

→ When **were** the tables **made** by him?

(언제 그 테이블들이 그에 의해 만들어졌니?)

3) 명령문의 경우

1. 긍정명령문 : $\sqrt{V}$ ~ ⇒ <u>Let</u> ⊕ O ⊕ (be) ⊕ p.p
                               〈사역동사〉   √v

ex) Open the window.

→ **Let** the window **be opened**.

(창문이 열려지게 해라.)

point.

1. 수동태 전환
내신 기출 유형의
경우,

① 평서문의
수동태 전환

②조동사가
있는 경우,

③지각동사 or
사역동사가
있는 경우,

④명사절이
목적어인 경우를
수동태로 전환
하는 경우가
기출 된다.

2. 수능어법에서
는 수동(태)의 구
문이 옳은지 확인
하는 문제가 빈출
된다.
➡ 준동사의 수동
형도 기출 된다.

2. 부정 명령문 : Don't $\sqrt{V}$ ~ ⇒ ┌ Don't let ⊕ O ⊕ ⓑⓔ p.p

└ Let ⊕ O ⊕ not ⊕ ⓑⓔ ⊕ p.p

ex) Don't close the door.

→ **Don't** let the door **be closed**.

→ **Let** the door **not be closed**. (문이 닫혀지지 않게 해라.)

★ **4) 지각 동사와 사역동사가 있는 경우**

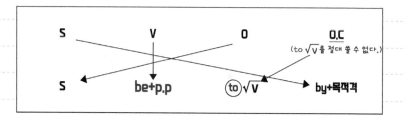

ex) She made me <u>run</u> fast.

→ I was made ⓣⓞ <u>run</u> fast by her.

(나는 그녀에 의해 빨리 달리게 되었다.)

ex) I saw Tom <u>dance</u> on the stage.

→ Tom was seen ⓣⓞ <u>dance</u> on the stage by me.

(Tom은 나에 의해 무대에서 춤추는 것이 보여졌다.)

ex) My mom <u>let</u> me play a game.

→ I was allowed to play a game by my mom.

(나는 엄마에 의해서 게임을 하도록 허락받았다.)

〈let은 수동태 전환 시, be allowed to $\sqrt{V}$ 로 변환된다.〉

* to $\sqrt{V}$ 부정문 만드는 방법이 not to $\sqrt{V}$ 인 것처럼, to가 없는 동사원형을 원형부정사라고 부른다.
부정문 만드는 방법은 not $\sqrt{V}$ 이다.

point.

지각동사, 사역동사가 있는 5형식의 문장에서는 to 부정사가 아닌, 동사원형이 오는 것이 원칙이기 때문에,

수동태에서는 to 부정사를 써야한다는 것이 특이한 점.

5) 조동사가 있는 경우 : 조동사 (be) p.p

ex) You <u>can make</u> a doll.

→ A doll **can be made** by you.

(인형이 너에 의해 만들어질 수 있다.)

6) 군동사의 경우 : 〈주의 : by 때문에 전치사를 생략하면 안 된다〉

ex) He <u>takes care of</u> his nephew.

→ His nephew **is taken care of** by him.

(그의 조카는 그에 의해 돌봐진다.)

★ 7) 명사절(that절)이 목적어인 경우

ex) ① They **say** [that he **studies** hard].
                              O자리
→ [That he studies hard] is said (by them).

→ (It) is said [that he studies hard] (복문).
   가주어   진주어
→ He is said to study hard (단문).

(그는 열심히 공부한다고 한다.)

ex) ② They **believe** [that he was honest].

→ [That he was honest] is believed.

→ (It) is believed [that he was honest].
   가주어   진주어
→ He is believed to have been honest.

(그는 정직했었다고 믿어진다.)

point.

조동사가 잇는
경우의 수동태는
중학교 내신으로
기출되고 있다.

point.

*단문의 수동태인
경우, to부정사의
시제 주의.

1. 주절의 시제와
같은 경우 단순부
정사인 to부정사
를 써야한다.

2. 주절의 시제보
다 한 시제 이전
인 경우,
완료부정사인
to have p.p를
반드시 써야한다.

*교과과정 개편
이전에는 중3 내신
에도 기출이 되었
으나,
개편 후, 고등부에
서 기출되고 있는
편이다.

8) by 이외의 전치사를 쓰는 경우 (숙어처럼 암기)

① be interested (in) : ~에 흥미가 있다

② be covered (with) : ~로 덮여있다

③ be satisfied (with) : ~에 만족하다

④ be filled (with) : ~로 가득하다

⑤ be pleased (with) : ~로 기뻐하다

⑥ ┬ be tired (with) : ~로 피곤하다, 지치다

└ be tired (of) : ~에 싫증나다, 진절머리 나다

⑦ ┬ be known (by) : ~에 의해서 알려지다

├ be known (for) : ~로 유명하다

├ be known (to) : ~에게 알려지다

└ be known (as) : ~로써 알려지다

⑧ ┬ be made (of) : [물리적 변화] ~로 만들어지다

│   〈형태만 변하고, 성질은 그대로 있는 변화〉

│   ex) A desk is made of wood.

│   (책상은 나무로 만들어 진다.)

└ be made (from) : [화학적 변화]

　　　　　〈형태도, 성질도 변하는 변화〉

　　　　　ex) Wine is made from grapes.

　　　　　(와인은 포도로 만들어진다.)

⑨ be worried (about) : ~에 대해 걱정하다

⑩ be married (to) : ~와 결혼하다

⑪ be involved (in) : ~에 연루되다

⑫ be absorbed (in) : ~에 열중하다

Meta Grammar

9) 수동태 불가동사

★appear (나타나다)　　　happen

　disappear (사라지다)　　become

★look like (~처럼 보이다)　belong to

★consist of (~로 구성되다)　resemble

★occur (발생하다)　　　　have

meet ┬ 자동사 : 수동태 불가
　　　└ 타동사 : 수동태 가능

ex) Jane is ~~looked like~~ a cat.
　　　　 looks like
(Jane은 고양이처럼 생겼어.)

10) 능동의 형태지만 수동의 의미를 지닌 동사

read : 읽혀지다
write : 쓰여지다
peel : 벗겨지다
lock : 잠기다
wash : 세탁되다
sell : 팔리다

ex) The book sold very well.

(그 책이 매우 잘 팔렸다.)

Point.

1. 수동태 불가동
사는 수동태로
기출되는데,
수동태로 쓰일 수
없으므로 틀린표현
이다.
자동사인 경우,
목적어가 없으므
로, 당연히 수동태
로 쓰일 수 없다.

2. meet :
관계대명사와
관계부사 문제로
기출 되기도 함.

자동사로 쓰인 경
우, where/ 타동
사로 쓰인 경우,
which가 필요한
구문이 된다.
(관계사 편 참조)

* Mini-Test

1. 시제의 수동형의 종류와 형태를 쓰시오.

2. 3,4,5 형식의 수동태 만드는 방법을 쓰시오.

3. 의문문과 명령문의 수동태 만드는 방법을 쓰시오.

4. 지각동사와 사역 동사가 있는 문장의 수동태에 대해 서술하시오.

5. 수동태 불가 동사에 대해 쓰시오.

6. by 이외의 전치사를 쓰는 경우를 뜻과 함께 쓰시오.

07. To 부정사 (To-infinitive)

7

문법 개념 정리 : To 부정사 (To-Infinitive)

[준동사] : 동사의 형태가 바뀌어 다른 품사의 기능을 하지만, 동사의 성질을
그대로 지니고 있는 것.

1) 동사의 성질

1. <u>주어를 필요로 한다.</u> (준동사의 경우 : 의미상의 주어)

2. <u>뒤에 5가지 형식의 구조가 온다.</u> (준동사도 뒤에 5가지 형식의 구조가 온다)

3. 태 ┌ 능동 (to √V)
　　　└ 수동 (to be p.p)

　　　ex) This proposal is **to be accepted.**
　　　　(이 제안이 받아들여질 것이다.)

4. 시제

┌ 단순시제 (to √V) : 주절의 시제와 같을 때

└ 완료시제 (to have p.p) : 주절의 시제보다 한 시제 이전일 때

Note

Point.

준동사의 시제는
시험에 자주
출제된다.
주절의 동사가
기준점이 되고,
그것과 같은
시점인지,
한 시제 이전인지
점검하면 된다.

※ 준동사의 시제 연습 : seem to 구문

* seem to $\sqrt{V}$ ↔ It seems that S V
  (~처럼 보이다)
  〈단문〉   〈복문〉

ex) ⓐ He seems to study hard. (그는 열심히 공부하는 것처럼 보인다.)

= It **seems** that he studies hard.
     (현재)   (현재)

ⓑ He seemed to study hard. (그는 열심히 공부하는 것처럼 보였다.)

= It **seemed** that he studied hard.
     (과거)   (과거)

ⓒ He seems to have studied hard.(그는 열심히 공부했던 것처럼 보인다.)

= It **seems** that he studied / has studied hard.
     (현재)   (과거/현재완료)

ⓓ He seemed to have studied hard.(그는 열심히 공부했었던 것처럼 보였다.)

= It **seemed** that he had studied hard.
     (과거)   (과거완료)

point

단순 시제인 to$\sqrt{V}$ 는 주절의 시제와 같을 때 쓰이므로, 주절의 시제가 현재이면,

종속절의 시제도 현재로 쓰고, 주절의 시제가 과거이면,

종속절의 시제도 과거로 쓴다.

하지만, 완료시제인 to have p.p는,

주절의 시제보다 한 시제 이전일 때 쓰이므로, 주절이 현재이면,

종속절은 한 시제 이전인 과거나 현재완료를,

주절이 과거이면, 종속절은 과거보다 한 시제 이전인 과거완료를 써야 한다.

2) 준동사의 종류

to 부정사 (To·infinitive)	동명사 (Gerund)	분사 (Participle)
① 형태 : to + $\sqrt{V}$	① $\sqrt{V}$ + ~ing	① ┌ 현재분사 : $\sqrt{V}$ + ~ing └ 과거분사 : p.p
② 역할 : ⓐ 명사 ⓑ 형용사 ⓒ 부사	② 명사	② 형용사

* 참고 : 목적어 자리에 명사가 와야 하는데, 동사의 뜻이 필요할 수 있다.

그런 경우, 동사가 목적어 자리에 올 수 없으므로, 동사를 명사로 전환시켜야 한다.

__동사를 명사화 한 것이 바로 to부정사와 동명사이다.__

주어와 보어자리에서는 to부정사와 동명사를 서로 구분 없이 쓸 수 있으나,

목적어자리의 경우는 동사의 종류에 따라 달리 써야한다.

point.

어떤 역할을
하는지 꼭 기억!

ex) I want water. (나는 물을 원한다.)

⇒ I want to drink water. (나는 물을 마시기를 원한다.)

⇒ I enjoy playing baseball. (나는 야구를 하는 것을 즐긴다.)

* To 부정사 (To+infinitive)

1) 형태 : to + $\sqrt{v}$

2) 용법 (역할)

1. 명사적 용법 : S , O , C 자리

┌─ ① S자리 : <u>To read a book</u> is very important.(책을 읽는 것은 매우 중요하다.)

    (= <u>It</u> is very important <u>to read a book</u>.)
       〈가주어〉   〈진주어〉

├─ ② O자리 : I decided <u>to read a book</u> everyday.(나는 매일 책을 읽기로 결정했다.)
                      〈목적어〉

└─ ③ C자리 : My hobby is <u>to read a book</u>.(나의 취미는 책을 읽는 것이다.)
                        〈보어〉

2. 형용사적 용법

① 명사수식 ┌─ N to $\sqrt{v}$: ex) a city to visit
           └ 타동사   └→ (방문할 도시)
             ~할

         └─ N to $\sqrt{v}$ + 전치사 : ex) a house to live in
            └ 자동사   └→ (살 집)

                       ex) a pen to write with
                           └────────→ (쓸 펜)

                       ex) paper to write on
                           └──────→ (쓸 종이)

Meta Grammar

Point 1.

1. 중학교에서는 용법 문제가 빈출 된다.

S.O.C 자리와 to $\sqrt{v}$ 앞에 명사가 있는 경우를 제외하고는 보통, 부사적 용법 이라고 생각하면 된다.

2. 형용사적 용법 의 경우, 자동사 뒤에는 전치사를 쓴다.
하지만, 타동사인 경우는 전치사를 쓸 수 없다.

Point 2.

Pen은 셀 수 있 는 명사이므로 a pen, paper은 셀 수 없는 명사이므 로 a를 쓸 수 없다.

② 보어자리　(be – to √V 용법이라고도 함)

    ⓐ **의무 – must : ~ 해야 한다**

      ex) I **am to** study hard to pass the exam.

        (나는 시험을 합격하기 위해 열심히 공부해야 한다.)

    ⓑ **예정 – will : ~ 할 것이다**

      ex) I **am to** meet my friend tonight.

        (나는 오늘 밤 친구를 만날 것이다.)

    ⓒ **의도 – intend to : ~할 작정이다**

      ex) She **is to** visit my grandparents this Sunday.

        (그녀는 이번 주 일요일에 조부모님을 방문할 작정이다.)

    ⓓ **가능 – can : ~할 수 있다**

      ex) The cafe **is to** be seen in a distance.

        (그 카페는 멀리서 보일 수 있다.)

    ⓔ **운명 – be destined to √V : ~할 운명이다**

      ex) He **is** not **to** see his parents again.

        (그는 부모님을 다시는 보지 못할 운명이다.)

Note

Point.

형용사적 용법
쉽게 찾는 법:

to부정사 앞에
명사 or ~thing
이 올 경우, 대부분
형용사적 용법일
가능성이 매우 높
다.

그래서, 보기에서
to부정사 앞에
명사/ –thing
이 하나가 있다
면, 형용사적 용법
이다.

보기에 명사가
2개인 경우라면
하나는 부사적 용
법 중 목적(~하기
위해)일 가능성이
높다.

7. to 부정사 (To-infinitive)　　　　　95

★ to 부정사의 명사적 용법과 형용사적 용법 '보어'의 구별법

⇒ 보어자리에는 명사와 형용사가 올 수 있다

ex) She is a doctor. (She = a doctor) (신분이나 자격) : 명사

She is happy. (She ≠ happy) : 형용사

(보어가 주어를 보충 설명하고 있지만 She를 happy로 바꿔 쓸 수는 없다.

단지, 상태나 성질을 나타낼 뿐이다.)

⇒ ex) My hobby is **to play** the guitar. (My hobby = to play the guitar)

(나의 취미는 기타를 치는 것이다.) ➡ 명사의 성질 : 명사적 용법

I am **to play** the guitar. (I ≠ to play the guitar)

(나는 기타를 칠 것이다.) ➡ 형용사의 성질 : 형용사적 용법

3. 부사적 용법

① 원인 : 감정의 형용사 ⊕ to $\sqrt{V}$: ~해서

〈sad, happy, glad, angry …〉

ex) I am glad **to meet** you.

(너를 만나서 반가워.)

② **목적** : ~하기 위해서

ex) She went to the school **to meet** her teacher.

(그녀는 선생님을 만나기 위해서 학교에 갔다.)

point.

암기법
➡ 원.목.
결.판.양.조.형

③ **결과 :** ─ ⓐ grow up to $\sqrt{V}$: **자라서 ~ 되다**

ex) He grew up to be a good teacher.

(그는 자라서 훌륭한 선생님이 되었다.)

─ ⓑ wake up to $\sqrt{V}$: **깨어나보니 ~ 되다**

ex) She woke up to be a top actress.

(그녀는 깨어나 보니 탑 배우가 되어 있었다.)

─ ⓒ live to $\sqrt{V}$: **살다보니 ~ 되다**

ex) He lived to be 100 years old.

(그는 100세까지 살았다.)

─ ⓓ only to $\sqrt{V}$: **~ 했으나 ~ 되다**

ex) He went to the store, only to be closed.

(그는 가게에 갔으나, 닫혀 있었다.)

④ **판단의 근거 : ~하다니**

ex) He must be foolish to say so.

(그렇게 말하다니 그는 어리석음에 틀림없다.)

⑤ **양보 : 비록 ~ 일지라도**

ex) To do his best, he didn't pass the test.

(그는 최선을 다했다하더라도, 시험에 합격하지 못했다.)

⑥ **조건 : 만약 ~ 라면**

ex) To make him cheer up, we must try our best.

(그가 기운을 내도록 하려면, 우리는 최선을 다해야 한다.)

⑦ **형용사 수식 : 형용사 ⊕ to $\sqrt{V}$: ~하기에**

ex) The problem is difficult to solve.

(그 문제는 풀기에 어렵다.)

7. to 부정사 (To-infinitive)

3) to√V 와 동명사의 차이점

〈공통점 : 명사 역할 (S 또는 C 자리에서는 서로 바꾸어 쓸 수 있다)〉

to√V	동명사
① 미래의 의미 (~할)	① 과거의 의미 (~한)
② 일시적 의미	② 일반적 의미
③ 구체적 의미	③ 추상적 의미

ex) I remembered to meet Tony. (나는 Tony를 만날 것을 기억했다.)

I remembered meeting Tony. (나는 Tony를 만났던 것을 기억했다.)

〈매우중요!〉

★ 1. to √V 를 O로 취하는 대표적인 V & 동명사를 O로 취하는 대표적인 V

to√V 를 O로 취하는 동사	동명사를 O로 취하는 동사
want	mind
hope	enjoy
wish	give up
plan	avoid
promise	finish
expect	stop, suggest
need	deny, dislike
decide	
⋮	⋮

ex) I decided to buy a pair of sneakers.
〈buying〉 (나는 운동화 한 켤레를 사기로 결정했다.)

ex) She finished cleaning the room.
〈to clean〉 (그녀는 방 청소하는 것을 끝냈다.)

Point.

1. to√V 를 목적어로 취하는 동사의 의미는 미래형인 경우가 많다.

2. 동명사를 목적어로 취하는 동사 암기법

〈메가패스다〉
m / e / g / a /
f / s / d

3. 빈출되는 내용이므로 반드시 암기.

4. 거절하다

┌ refuse ⊕
│   to √V
└ reject ⊕ ~ing

2. to √V / 동명사 둘 다 가능한 동사

〈뜻의 변화가 없는 경우〉

| hate, like, love, start, begin, continue |

ex) I like **to play/playing** the piano.

★★
3. to √V / 동명사 둘 다 가능하지만 뜻이 달라지는 경우

① remember
- ⊕ to √V : ~할 것을 기억하다 (미래의 의미)

  ex) I remembered to buy a pen.

  (나는 펜을 살 것이 기억났다.)

- ⊕ ~ing : ~했던 것을 기억하다 (과거의 의미)

  ex) I remembered buying a pen.

  (나는 펜을 산 것이 기억났다.)

② forget
- ⊕ to √V : ~할 것을 잊다 (미래의 의미)

  ex) I forgot **to meet** Tom this weekend.

  (나는 이번 주말에 Tom을 만난다는 것을 잊었다.)

- ⊕ ~ing : ~했던 것을 잊다 (과거의 의미)

  ex) I forgot **meeting** Tom last year.

  (나는 작년에 Tom을 만난 것을 잊었다.)

③ try
- ⊕ to √V : ~하려고 노력하다

  ex) I tried **to climb** the tree.

  (나는 나무에 올라가 보려고 노력했다.)

- ⊕ ~ing : 시험 삼아 ~해보다

  ex) I tried **climbing** the tree.

  (나는 시험 삼아 나무에 올라가 봤다.)

point.

수능이나 내신에는 차이가 없는 것으로 접근하면 되지만, Teps 시험에는 뜻의 차이가 있는 것으로 기억해 두라.

Point.

글의 흐름상 올바른 표현을 확인해야 한다.

→ 해석 주의

| ① remember |
| ② forget |
| ③ try |
| ④ stop |
| ⑤ regret |
| ⑥ mean |

④ **stop**

┌ ⊕ to $\sqrt{V}$: ~하기 위해 멈추다

ex) He stopped **to buy** some snacks.

(그는 간식을 좀 사기 위해 멈췄다.)

└ ⊕ ~ing : ~하는 것을 멈추다

ex) He stopped **playing** the violin.

(그는 바이올린 연주하는 것을 멈췄다.)

⑤ **regret**

┌ ⊕ to $\sqrt{V}$: ~하게 되어 유감이다

ex) I regret **to say** the sad news.

(나는 슬픈 소식을 전하게 되어 유감이다.)

└ ⊕ ~ing : ~한 것을 후회하다

ex) I regret **buying** the expensive car.

(나는 그 비싼 차를 산 것을 후회한다.)

⑥ **mean**

┌ ⊕ to $\sqrt{V}$: ~할 작정이다

ex) He meant **to read** the thick book.

(그는 그 두꺼운 책을 읽을 작정이었다.)

└ ⊕ ~ing : ~하는 것을 의미하다

ex) That doesn't mean **changing** my job.

(그것은 나의 직업을 바꾼다는 것을 의미하지 않는다.)

Point.

mean의 경우는
어법문제로
거의 출제되지
않음

4) 의미상의 주어 : 동사가 주어를 필요로 하듯, 준동사도 주체가 필요하다.

〈 중학교 2학년 이후로 출제된다. 〉

❶ to √v 의 경우	❷ 동명사의 경우
1. 생략된 경우 ① 주어와 같을 때 ex) I want to have a car. (나는 차를 갖기를 원한다.)	1. 생략된 경우 ① 주어와 같을 때 ex) I am proud of being a pilot. (나는 파일럿인 것이 자랑스럽다.)
② 일반주어인 경우 ex) It is difficult to speak French well. (불어를 잘하는 것은 어렵다.)	② 일반주어인 경우 ex) Smoking isn't good for health. (흡연하는 것은 건강에 좋지 않다.)
2. O : 5형식의 경우 → S V O O.C (to √v) ex) I expect **you** to read many books. (나는 네가 많은 책을 읽기를 기대한다.)	2. 소유격 (목적격) 〈원칙적으로는 소유격이지만, 목적격을 쓰기도 한다.〉 ex) I am proud of his being a pilot. (나는 그가 파일럿인 것이 자랑스럽다.)
3. for + 목적격 ex) It is important **for you** to obey your parents. (네가 부모님께 순종하는 것이 중요하다.)	
★4. 예외 : [ ] of + 목적격 ↓ 〈사람의 성질을 나타내는 형용사〉 $\begin{bmatrix} \text{kind / polite} \\ \text{honest / smart} \\ \text{foolish / stupid} \\ \text{rude / mean} \end{bmatrix}$ ex) It is honest **of** him to say so. (그가 그렇게 말하다니 정직하구나.)	

5) to √v 를 이용한 주요구문

★ 1. 의문사 + to √v = 의문사 S should √v

(~해야 할지를)

ex) I don't know <u>when to go</u> there.

= <u>when I should go</u>.

(나는 거기에 언제 가야할지를 모르겠다.)

★ 2 가주어/ 진주어

ex) <u>To run fast</u> is hard. (빨리 달리는 것은 힘들다.)

= <u>It</u> is hard <u>to run fast</u>.

(가주어)　　　(진주어)

★ 3. 가목적어 / 진목적어를 취하는 대표적인 동사

(it)　　　(to √v)

```
┌─ make        ─ believe ─┐
│                         │
│ ─ find        ─ think   │
│                         │
└─ take         ─ consider ┘
```

ex) I make <u>it</u> a rule [<u>to get up at 6 o'clock</u>].

(가목적어)　　　　(진목적어)

(나는 6시에 일어나는 것을 규칙으로 삼는다.)

point.

take it for
granted that S V
        to √v
:~을 당연시 여기다

Point. **가목적어/진목적어 시험출제 유형**

① 동사 뒤 목적어 자리에 it이 생략된 경우로 기출

→ 어법상 옳지 않은 것 고르기.

ex) I found possible to solve the problem. (X)

→ found 뒤에 목적어가 없어서 틀린 문장 (it을 삽입해야한다)

② it과 쓰임이 같은 용법

ex) I found it possible to meet the professor.

(나는 그 교수님을 만나는 것이 가능하다는 것을 알았다.)

③ 서술형 문제 – 영작하기

4. 대부정사 : to 혼자서 to √V 구를 대신하는 것

(to부정사의 동사 반복을 피하기 위해서 쓰임)

ex) You may eat lunch if you want to. (eat lunch)

(접속사) 〈목적어 없다면 문장이 불완전문장이기
때문에 to 혼자서 to부정사의 역할을 함〉

(만약 네가 원하면 점심을 먹어도 좋다.)

★**5. 부정 : not to √V**

ex) I expect you not to fail the test.

(나는 네가 시험에 떨어지지 않을 거라 예상한다.)

6. too ~ to √v : 너무 ~해서 ~ 할 수 없다 (단문)

   = so ~that ~can't (복문)

    ex) The problem is too difficult for you to solve~~it~~.

    (그 문제는 너무 어려워서 네가 풀 수 없다.)

    = The problem is so difficult that you can't solve ⓘ.

    (그 문제는 너무 어려워서 너는 그것을 풀 수가 없다.)

7. enough to √v : ~ 할 만큼 충분히 (단문)

   = so ~ that ~ (can) : (너무 ~해서 ~할 수 있다) (복문)

    ex) The book was easy enough for me to read~~it~~.

    (그 책은 내가 읽기에 충분히 쉬웠다.)

    = The book was so easy that I could read it .

    (그 책은 너무 쉬워서 나는 그것을 읽을 수 있었다.)

8.
```
┌ in order to √v : ~하기 위해서 ┐
│ so as to √v              │ (단문)
└ to √v                    ┘
```
```
┌ = so that ~ (can / may) : ~할 수 있기 위해서 ┐
└ in order that ~ (can / may)              ┘ (복문)
```

    ex) She studied hard (in order to / so as to / to) pass the test.

    = She studied hard (so that / in order that) she could pass the test.

    (그녀는 시험에 합격하기 위해서 열심히 공부했다.)

Point.

단문, 복문 전환할 때, 주의해야할 점

❶ 주절과 종속절의 주어가 같은 경우는 종속절의 주어 생략.

→ 다른 경우는 to √v 의 의미상의 주어를 써야한다. (for you)

❷ The problem 과 it이 같은 것을 지칭할 경우, 단문에서는 중복해서 쓰면 안 된다.

꼭, it 생략!

❸ 주절의 시제가 과거인 경우, 조동사 can을 꼭 could로 써야한다.

* 중등 과정의 중요 구문으로 빈출 표현

Meta Grammar

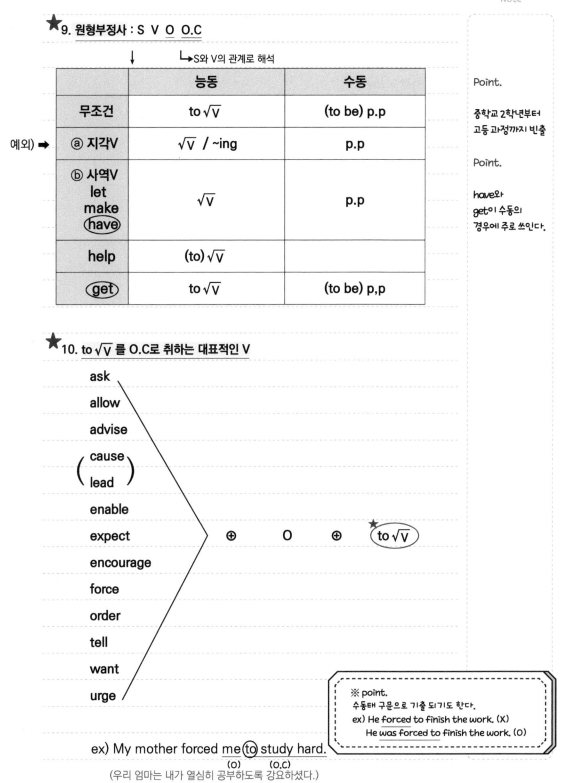

★9. 원형부정사 : S V <u>O</u> <u>O.C</u>

↓ └→S와 V의 관계로 해석

	능동	수동
무조건	to √V	(to be) p.p
예외) ➡ ⓐ 지각V	√V / ~ing	p.p
ⓑ 사역V let make (have)	√V	p.p
help	(to) √V	
(get)	to √V	(to be) p,p

Point.

중학교 2학년부터
고등 과정까지 빈출

Point.

have와
get이 수동의
경우에 주로 쓰인다.

★10. to √V 를 O.C로 취하는 대표적인 V

ask
allow
advise
(cause
lead)
enable
expect   ⊕   O   ⊕   ★(to √V)
encourage
force
order
tell
want
urge

※ point.
수동태 구문으로 기출 되기도 한다.
ex) He forced to finish the work. (X)
He was forced to finish the work. (O)

ex) My mother forced <u>me</u>(to) study hard.
　　　　　　　　　(O)　(O.C)
(우리 엄마는 내가 열심히 공부하도록 강요하셨다.)

★

11. ~가 ~하는데 ~의 시간이 걸리다

≡ ⌐ It takes 사람 + 시간 + to√v ~ .
  └ It takes 시간 + for + 목적격(사람) + to√v ~ .

ex) It took me three hours to finish the work.

= It took three hours for me to finish the work.

(내가 그 일을 끝내는 데 3시간 걸렸다.)

12. ~가 ~할 시간이다

≡ ⌐ It's time for + 목적격 + to√v ~ . (단문)
  └ It's time that S ⌐ 동사의 과거형 ~ . (복문) (가정법 과거 취급)
              ≡ └ should √v ~ .

ex) It's time for you to go to bed.

= It's time that you went to bed. ★

should go to bed.

(네가 잠 잘 시간이다.)

13. 미래형 동사

```
┌ want   ┐
│ hope   │
│ wish   │ ⊕    ┌ ⓐ (미래형동사의 과거형 + to have p.p)
│ intend │      └ ⓑ (had p.p + to √V )
│ expect │
│   ⋮    │ ➡ 과거의 이루지 못한 소망을 나타낸다.
└        ┘
```

ex) He wanted **to have read** the book.

   = He **had wanted** to read the book.

(그는 그 책을 읽고 싶었는데 〈못 읽었다.〉)

6) 독립부정사

1. **to be frank** : 솔직하게 말하자면

2. **to be sure** : 확실히

3. **to tell the truth** : 사실을 말하자면

4. **strange to say** : 이상한 얘기지만

5. **so to speak** : 말하자면

6. **to begin with** : 우선

7. **needless to say** : 말할 필요도 없이

8. **to make matters worse** : 설상가상으로

* Mini-Test

1. 준동사의 종류와 각각의 역할을 쓰시오.

2. to부정사의 용법을 구체적으로 각각 쓰시오.

3. to부정사와 동명사의 의미상의 주어를 쓰시오.

4. to부정사와 동명사를 목적어로 취하는 동사를 각각 쓰시오.

5. to부정사와 동명사를 둘 다 목적어로 취할 수 있고, 뜻의 변화가 없는
경우/ 뜻의 변화가 있는 경우를 의미와 함께 쓰시오.

7. to부정사를 이용한 주요 표현 1-6번까지의 내용을 자세히 쓰시오.

8. to부정사를 이용한 주요 표현 7-11번까지의 내용을 자세히 쓰시오.

9. 독립부정사 표현을 뜻과 함께 쓰시오.

08. 동명사 (Gerund)

8　문법 개념 정리 : 동명사 (Gerund)

※ 동명사 : 동사 + ~ing → 명사화 : ~하는 것/~하기

1) 동명사의 역할 : 명사 역할

1. S자리

ex) Riding a bike in the rain is very dangerous.

(빗속에서 자전거를 타는 것은 매우 위험하다.)

2. O자리

ex) I enjoy riding a bike on weekends.

(나는 주말마다 자전거를 타는 것을 즐긴다.)

3. C자리

ex) My hobby is riding a bike.

(내 취미는 자전거 타는 것이다.)

Meta Grammar

2) 동명사와 현재분사의 구별

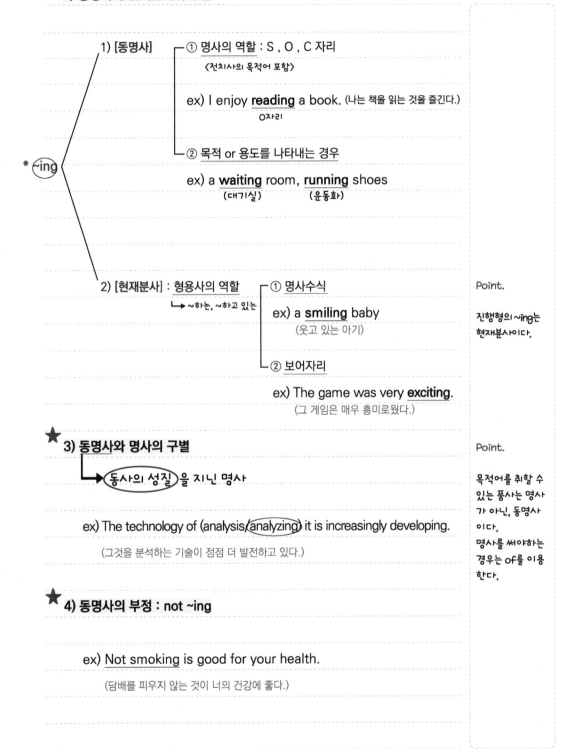

* ~ing

1) [동명사] ── ① 명사의 역할 : S , O , C 자리
　　　　　　　　〈전치사의 목적어 포함〉

　　　　　　　ex) I enjoy **reading** a book. (나는 책을 읽는 것을 즐긴다.)
　　　　　　　　　　　　　　O자리

　　　　　└─ ② 목적 or 용도를 나타내는 경우

　　　　　　　ex) a **waiting** room, **running** shoes
　　　　　　　　　　（대기실）　　　　（운동화）

2) [현재분사] : 형용사의 역할 ┌─ ① 명사수식
　　　　　┗→ ~하는, ~하고 있는
　　　　　　　　　　　　　　ex) a **smiling** baby
　　　　　　　　　　　　　　　　（웃고 있는 아기）

　　　　　　　　　　　　　└─ ② 보어자리

　　　　　　　　　　　　　　ex) The game was very **exciting**.
　　　　　　　　　　　　　　　　（그 게임은 매우 흥미로웠다.）

Point.

진행형의 ~ing는
현재분사이다.

 3) 동명사와 명사의 구별

　┗→ (동사의 성질)을 지닌 명사

ex) The technology of (analysis/(analyzing)) it is increasingly developing.

（그것을 분석하는 기술이 점점 더 발전하고 있다.）

Point.

목적어를 취할 수
있는 품사는 명사
가 아닌, 동명사
이다.
명사를 써야하는
경우는 Of를 이용
한다.

 4) 동명사의 부정 : not ~ing

ex) Not smoking is good for your health.

（담배를 피우지 않는 것이 너의 건강에 좋다.）

★ **5) 동명사의 수 → 단수취급**

ex) <u>Reading</u> books **is** very helpful.
    S
(책을 읽는 것은 매우 도움이 된다.)

point.

수?
→ 단수/복수를
언급하는 말이다.

학생들이 많이
헷갈려하는
부분이고 많이
틀리기도 한다.

➡ 수일치문제는
수능 어법에서
매우 자주 기출되
고 있다.

★ **6) 의미상의 주어 : to √V 의 의미상의 주어편에서 언급함**

: 원칙적으로는, 소유격이지만, 목적격을 쓰기도 한다.

ex) I am sure of **your** passing the test.

(나는 네가 시험에 합격할 것이라고 확신한다.)

7) 동명사의 시제와 태

1. 동명사의 시제

① **단순 시제 : ~ing** – 주절의 시제와 같을 때

ex) I am proud of **being** a good teacher.

(나는 훌륭한 선생님이라는 것이 자랑스럽다.)

② **완료 시제 : having p.p.** – 주절의 시제보다 한 시제 이전일 때

ex) I am proud of **having been** a good student when I was young.

(나는 어렸을 때, 훌륭한 학생이었던 것이 자랑스럽다.)

2. 동명사의 태

Note

① 단순 수동 : **being p.p.**

　　ex) She likes **being asked** to sing a song.

　　　(그녀는 노래를 부르라고 요청받는 것을 좋아한다.)

② 완료 수동 : **having been p.p.**

　　ex) He is proud of **having been elected** president.

　　　(그는 대통령으로 선출되었던 것을 자랑스럽게 여긴다.)

★★★
8) 동명사를 이용한 주요표현

① **be busy ~ing** : ~하느라 바쁘다

　　ex) I am busy preparing dinner.

　　　(나는 저녁을 준비하느라 바쁘다.)

② ~하고 싶다

　feel like ~ing

　　ex) I feel like meeting my old friend.

　　　(나는 옛 친구를 만나고 싶다.)

　would like to √v

　= want to √v

point.

목적어가 뒤에
있어야 하는데
없다면, 동명사도
꼭 수동형을
써야 한다.

Point.

이 표현들을
잘 암기해두라!
- 바로 적용 가능

③ spend ⊕ 목적어 (시간 / 돈) ⊕ ~ing : ~하는데 ~을 쓰다 (보내다)

ex) I **spent** three hours <u>**cleaning**</u> my house.

(나는 집을 청소히는데 세 시간을 보냈다.)

④ ~하는데 어려움을 겪다

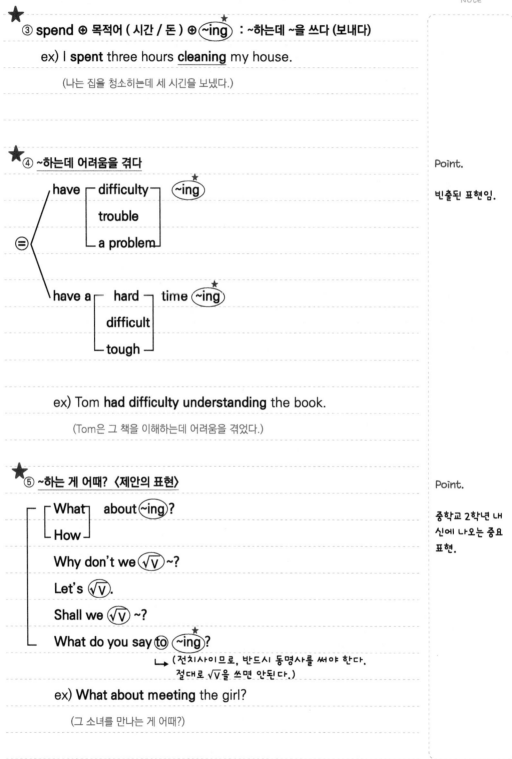

ex) Tom **had difficulty understanding** the book.

(Tom은 그 책을 이해하는데 어려움을 겪었다.)

⑤ ~하는 게 어때? 〈제안의 표현〉

What / How about ~ing?

Why don't we √v ~?

Let's √v.

Shall we √v ~?

What do you say to ~ing?
→ (전치사이므로, 반드시 동명사를 써야 한다.
절대로 √v을 쓰면 안된다.)

ex) **What about meeting** the girl?

(그 소녀를 만나는 게 어때?)

Meta Grammar

⑥ go ~ing : ~하러가다

ex) I **went fishing** on Saturdays.

(나는 토요일마다 낚시를 하러갔다.)

⑦ **계속 ~하다**

⊨
- keep ~ing
- keep on ~ing
- go on ~ing
- continue ~ing

ex) I **kept on running** in the park.

(나는 공원에서 계속 달렸다.)

⑧ **전치사 + ~ing**

- by ~ing : ~함으로써
- in ~ing : ~할 때 / ~함에 있어서
- on ~ing : ~하자마자

ex) You can improve your insight **by reading** a book.

(너는 독서를 함으로써 너의 통찰력을 향상시킬 수 있다.)

⑨ **~할 만한 가치가 있다**

┌─ be worth ⟨~ing⟩★

⊜ │ be worthy of ~ing

└─ be worthwhile ⟨to √V⟩

ex) The book **is worth reading**.

(그 책은 읽어볼 만한 가치가 있다.)

★⑩ **~하지 않을 수 없다**

┌─ cannot help ⟨~ing⟩★

│ cannot but ⟨√V⟩★

⊜ │ cannot help but ⟨√V⟩★

└─ have no ⎡choice⎤★ but ⟨to √V⟩★
　　　　　 ⎢option⎥
　　　　　 ⎣alternative⎦

ex) I **couldn't help thanking** him for helping me.

(나는 그에게 나를 도와준 것에 대해 감사하지 않을 수 없었다.)

⑪ ~해도 소용없다 : ┌ It is no use ~ing

≡ │ It is of no use ~ing

└ There is no use ~ing

ex) **It is no use crying** after failing the test.

(시험에 떨어진 후에 울어봐야 소용없다.)

⑫ **There is no ~ing** : ~하는 것은 불가능하다

(= It is impossible to $\sqrt{V}$ ~)

ex) There **is no returning** after failing the test.

(시험에 실패한 후에 되돌리는 것은 불가능하다.)

⑬ ~하지 못하도록 막다

┌ prevent

prohibit   ┌ from ~ing

stop   ⊕ O ⊕ out of ~ing

keep   └ against ~ing

hinder (방해하다)   └▶~하지 못하도록

└ deter (억제하다)

ex) My friend **stopped** me from **playing** a game.

(내 친구는 내가 게임하지 못하도록 막았다.)

⑭ ~되어 질 필요가 있다 〈수동의 의미〉

```
┌ need
│ want        ⊕  (    ~ing      )
│ deserve         = to be p.p
└ require
```

ex) The house needs **painting**(=to be painted).

(그 집은 페인트를 칠할 필요가 있다.)

⑮ **far from ~ing** : ~와는 거리가 먼

ex) It was **far from getting** the right answer.

(그것은 옳은 대답을 얻는 것과는 거리가 멀었다.)

⑯ **never ~ without** : ~하기만 하면 ~하다

ex) They **never** meet **without** quarrelling.

(그들은 만나기만 하면 싸운다.)

⑰ **make a point of ~ing** : 반드시 ~하다

ex) I **make a point of eating** breakfast at 8.

(나는 반드시 8시에 아침을 먹는다.)

⑱ **It goes without saying that** : ~은 말할 필요도 없다

ex) **It goes without saying** that the students should obey their teachers.

(학생들이 선생님들께 순종해야 된다는 것은 말할 필요도 없다.)

point.

need는 보통,
동명사가 아닌
to√v
를 목적어로 취한다.

그러나, ~ing를
쓸 수도 있는데
이 경우, 수동의
의미로 해석된다.

⑲ **be on the point of ~ing** : 막 ~하려고 하다

   (= be about to √V)

   ex) I am **on the point of getting** up.

     (나는 막 일어나려고 한다.)

⑳ **of one's own ~ing** : 자신이 직접 ~한

   ex) The man was into a pit **of his own digging.**

     (그 남자는 자신이 판 구멍에 빠졌다.)

※ to ~ing ★★

★ ① **look forward to ~ing** : ~하기를 고대하다

   ex) I am **looking forward to seeing** BTS.

     (나는 BTS를 보는 것을 고대하고 있다.)

② ~하는 것을 반대하다

   ⊜   object to ~ing
        have an objection to ~ing
        be opposed to ~ing

   ex) Olivia **objected to buying** the car.

     (Olivia는 그 차를 사는 것을 반대했다.)

★ ③ **devote O to ~ing** : ~하는데 ~을 바치다

   ex) I **devoted** my life **to helping** the poor.

     (나는 평생을 가난한 사람들을 돕는데 바쳤다.)

★ ④ <u>dedicate O to ~ing</u>★ : ~하는데 ~을 전념하다

ex) He dedicated his life to studying the virus.

(그는 그의 삶을 그 바이러스를 연구하는데 전념했다.)

★ ⑤ ~하는데 익숙해지다

$$\left(\begin{array}{c} be \\ get \end{array}\right) \left(\begin{array}{c} used★ \\ accustomed \end{array}\right) to \; \widehat{~ing}★$$

ex) At last, she was used to cooking.

(마침내, 그녀는 요리하는데 익숙해졌다.)

point.

be used to ing
➡ 사람을 주어로
취한다.

⑥ ~에 관해 :

⎯ when it comes to ~ing★

with regard to ~ing

regarding

(≡) concerning

as far as ~ concerned

as to

⎯ as for

ex) **When it comes to painting**, she is an expert.

(페인트칠 하는 것에 관한한, 그녀는 전문가이다.)

point.

when it
comes to
~ing는
익숙하지 않은
표현일 수 있으나
어법이나
독해지문에도
왕왕 쓰이고 있다.

★ ⑦ <u>contribute to ~ing</u>★ : ~하는데 기여하다

    ex) He **contributed to building** the beautiful church.

    (그는 그 아름다운 교회를 짓는데 기여했다.)

⑧ <u>~하는 데의 핵심 (비밀)</u>

    ┌ **the key to ~ing**

    └ **the secret to ~ing**

    ex) The **secret to making** the wonderful china hasn't been revealed yet.

    (그 멋진 도자기를 만드는 것에의 비밀은 아직 밝혀지지 않았다.)

⑨ <u>**What do you say to ~ing**</u> ? : ~하는 게 어때?

    ex) What do you say to **jogging** in the morning?

    (아침에 조깅하는 게 어때?)

★ ⑩ <u>in addition to ~ing</u>★ : ~이외에도

    ex) **In addition to riding** a bike, he jogs in the morning.

    (자전거는 타는 것 이외에도 그는 아침에 조깅을 한다.)

1. 동명사와 분사를 구별하여 서술하시오.

2. 동명사의 부정과 수에 대해 설명하시오.

3. 동명사의 시제와 태에 대해 서술하시오.

4. ~하는 게 어때?

5. ~하느라 ~을 쓰다 / ~하느라 바쁘다 / ~하고 싶다

6. ~할 만한 가치가 있다 / 계속 ~하다

7. ~하는 데 어려움을 겪다 / ~하지 않을 수 없다

8. to ~ing 표현을 뜻과 함께 쓰시오.

09. 분사 (Participle)

9 문법 개념 정리 : 분사 (Participle)

※ 분사 (Participle)

Note

1) 분사의 종류

┌ 1. 현재분사 : ~ing : 능동, 진행 : ~하는, ~하고 있는, ~하면서
└ 2. 과거분사 : p.p : 수동, 완료 : ~한, ~된, ~당한, ~되어서

ex) a crying baby (울고 있는 아기)

ex) a novel (written by Mr. Kim) (Mr.Kim에 의해 쓰여진 소설)

2) 분사의 역할 : 형용사역할

┌ 1. 명사수식 : 분사　　명사　　(분사 ~)
│　　　　　　　〈능동/수동〉　〈능동/수동〉
│　➡ ① 수식을 받은 명사가 능동적 주체인 경우 → 현재분사
│　➡ ② 수식을 받은 명사가 수동적 주체인 경우 → 과거분사
│
└ 2. 보어 자리 : ┌ ① **주격보어** (2형식) : S V S.C
　　　　　　　　│　　　　　　　　　　　　└능/수동┘
　　　　　　　　│
　　　　　　　　│　ex) The book is boring.(S=S.C : 능동의 관계)
　　　　　　　　│　　　S　　　　　c
　　　　　　　　│　　(그 책은 지루하다.)
　　　　　　　　│
　　　　　　　　│　ex) He was shocked at the news.(S=S.C : 수동의 관계)
　　　　　　　　│　　　S　　　c
　　　　　　　　│　　(그는 그 소식에 충격을 받았다.)
　　　　　　　　│
　　　　　　　　└ ② **목적격 보어**(5형식) : S V O O·C
　　　　　　　　　　　　　　　　　　　　　　└능/수동┘

ex) ⓐ I saw him singing merrily.
　　　　　　└능동┘
　　(나는 그가 즐겁게 노래하는 것을 보았다.)

ex) ⓑ I got the room cleaned. ∅
　　　　　　　　　└수동┘
　　(나는 그 방을 청소하도록 했다.)

Point.

중 3 과정에서 본격적으로 다루지만, 학교에 따라 중2부터 기출되기도 함.

Point.

1. 다른 수식어구와 함께 쓰일 경우 명사 뒤에서 수식

2. 현재분사를 쓰는지 과거분사를 쓰는지 구별하는 문제 기출.

point.

clean은 청소했다는 뜻으로 목적어를 필요로 하지만, 없으므로 수동형으로 써야 한다.

9. 분사 (Participle)　　127

3) 분사와 to √v 의 구별

1. 공통점 : 형용사의 역할

2. 차이점

to 부정사	분사
㉑래의 의미 : ~할 ex) a doll to buy (구입할 인형) 단, ┌ the first ┐ 　　the last ├ ⊕ N ⊕ to√v 　　└ the only ┘ └→ ~한 (과거의 의미) ex) the only student [to do the homework] ~한 (그 숙제를 한 유일한 학생)	① 현재분사 　: ㉑행의 의미 　→ ~하는, ~하고 있는 　ex) a sleeping baby 　　(잠자고 있는 아이) ② 과거분사 　: ㉑료의 의미 　→ ~한, -된, ~당한 　ex) a plate found in the garden 　　(정원에서 발견된 접시)

4) 분사구문 : ~ing를 이용하여 부사절을 부사구로 전환한 구문

1. 접속사의 종류

┌ 이유 : because, as, since, now (that)
│　　　　　　　　　　　　　　〈~이니까〉
│
├ 양보 : though, although, even though, even if (가정의 의미)
│
├ 조건 : if, unless, as long as, once, in case(that)
│　　　　　　(~하는 한)　　　(일단~하면)　(~인 경우에 〈대비하여〉)
│
├ 때 : when, as, while, before, after, until(=till), as soon as
│　　　　　　　　　　　　　　　　　　　　　　〈~하자마자〉
│
└ 부대상황 : ┌ 동시동작 (~하면서) : as, while
　　　　　　　└ 연속 동작 : and

★ * 분사구문 만드는 방법

Note

※접속사 S[1] V[1] ~ , S[2] V[2] ~

① 접속사 무조건 생략 (강조할 경우 : 그냥 두기도 한다)

② S[1] = S[2] → S[1] 생략 → (일반분사구문)
S[1] ≠ S[2] → S[1] 을 그냥 둔다 → (독립분사구문)

③ V[1] 과 V[2] 의 시제가 같은 경우 : √V ⊕ ing
V[1] 이 V[2] 보다 한 시제 이전인 경우 : Having p.p

④ 수동태의 경우 : (Being) (p.p) [~~~ing~~] point. 절대로 p.p를 ~ing로 바꿔쓰면 안된다.
→ 빈출단어 ★ ① located
② situated
③ seen
④ used
⊕ ~~Ø~~ ~, S V
(Having been) p.p

⑤ 부정 : Not ~ing

ex) ⓐ ~~As he~~ did his homework, he could watch TV.
→ ***Doing*** his homework, he could watch TV.

ⓑ ~~As I~~ didn't do my homework, I couldn't watch TV.
→ ***Not doing*** my homework, I couldn't watch TV.

Point.

중3부터 기출 된다.

~ing가 문두에 오고, '콤마' 까지 중에 동사가 없다면, 분사구문이다.

이 경우, 능동 구문인지, 수동 구문인지 확인해야 한다.

수능어법 문제로는 능동인지, 수동인지를 확인하는 것이 중요하다.

③ ~~Though~~ it rained heavily, I went playing soccer.

→ *It raining* heavily, I went playing soccer.

④ ~~If it~~ is seen in a distance, it looks like a dog.

→ ~~*Being*~~ *seen* in a distance, it looks like a dog.

⑤ ~~After I~~ had finished reading a book, I went to bed.

→ *Having finished* reading a book, I went to bed.

 ★

5) with 분사 구문 : ~한 채로, ~ 때문에

① with ⊕ 명사 ⊕ ing └ 능동 ┘	ex) with the dog **barking** (개가 짖는 채로)
② with ⊕ 명사 ⊕ p.p └ 수동 ┘	ex) with your arms **folded** ∅ (팔짱을 낀 채로)
③ with ⊕ 명사 ⊕ (being) 형용사 (상태or성질을 나타내는 경우)	ex) with your face **pale** (얼굴이 창백해진 채로)
④ with ⊕ 명사 ⊕ (being) 전치사 ~있는 채로	ex) with your hands **in the pockets** (너의 손을 주머니에 넣은 채로)

6) 비인칭 독립분사구문

generally speaking	일반적으로 말해서
frankly speaking	솔직하게 말해서
judging from	~ 로 판단하건대
strictly speaking	엄격하게 말해서
roughly speaking	대충 말하자면
granting that	~ 하더라도
considering / given that	~ 을 고려하면

7) 준동사의 시제와 태 (준동사도 동사의 성질이 있기 때문에 시제와 태가 있다)

	능 동 태		수 동 태	
	단순시제	완료시제	단순시제	완료시제
to√v	to√v	to have p.p	to be p.p	to have been p.p
동명사	~ing	having p.p	being p.p	having been p.p
분사	~ing	having p.p	being p.p	having been p.p

ex) The proposal is **to be accepted** next Monday.

(그 제안은 다음 주 월요일에 받아들여질 예정이다.)

ex) His father was pleased with **being awarded** the first prize.

(그의 아버지는 1등상을 타서 기뻐하셨다.)

point.

award는 2개의 목적어를 필요로 하는 타동사이다. 예문의 award 뒤에 목적어는 '을,를'의 의미를 지닌 직접목적어 이다. '-에게'를 나타내는 간접목적어가 없으므로 수동의 동명사가 와야 한다.

1. 분사의 종류와 의미를 쓰시오.

2. to부정사와 분사를 구별하시오.

3. 접속사의 종류에 대해 구체적으로 쓰시오.

4. 분사 구문 만드는 방법을 구체적으로 쓰시오.

5. with 분사 구문에 대해 구체적으로 쓰시오.

6. 비인칭 독립 분사 구문을 뜻과 함께 쓰시오.

7. 준동사의 시제와 태를 각 각 쓰시오.

10. 명사 (Noun)

학습내용

1. 명사의 역할

2. 명사의 종류

3. 명사 상당어구

4. 명사의 수

5. 가산명사와 불가산 명사로 쓰이는 명사

6. 추상명사의 활용

7. 물질명사의 수량화

8. 명사의 소유격 만드는 방법

10 문법 개념 정리 : 명사 (Noun)

※ 명사 : 사람이나 사물, 동물, 직업 등등의 이름을 나타내는 품사

1) 명사 역할 : S,O,C 자리

┌─ ① 주어 자리　ⓐ My parents are diligent. (S자리)

│　　　　　　　　(우리 부모님은 부지런하시다.)

├─ ② 목적어 자리　ⓑ I love my parents. (O자리)

│　　　　　　　　(나는 우리 부모님을 사랑한다.)

└─ ③ 보어 자리　ⓒ They are good teachers. (C자리)

　　　　　　　　(그들은 훌륭한 선생님들이시다.)

2) 명사의 종류 (고·추·보·물·집)

명사

　　가산명사
　　(셀 수 있는 명사)
　　┌─ ① **보통명사** : 한 종류 중에서 여러 가지가 있는 것
　　│　　　　　ex) book, pen‥
　　└─ ② **집합명사** : 그룹이나 단체 등 같은 종류의 것이 여럿
　　　　　　　모여 있는 전체를 나타내는 것.
　　　　　　　ex) family, team‥

　　불가산명사
　　(셀 수 없는 명사)
　　┌─ ① **고유명사** : 사람, 나라, 도시 등의 이름을 나타내는 것으
　　│　　　　　로 항상 첫 글자는 대문자로 나타냄
　　│　　　　　ex) Seoul, Korea‥
　　├─ ② **추상명사** : 형태, 색깔, 냄새도 없는 추상적인 의미를
　　│　　　　　지닌 것 ex) peace, happiness‥
　　├─ ③ **물질명사** : 찢어도, 쪼개도, 나누어도, 그 성질을 그대로
　　│　　　　　지닌 것 ex) paper, money, bread‥
　　└─ ④ **집합명사**

3) 명사 상당 어구 : 명사구/명사절

명사구	명사절
① to √V 구	① 접속사 that절
② 동명사구	② 접속사 if(whether)절
③ 의문사 + to √V 구	③ 의문사절
	④ 관계대명사 what절
	⑤ 복합관계대명사절 (관계대명사+ever)
	⑥선행사가 생략된 관계부사절
	ex) (The reason) <u>why he left Seoul</u> was his health. 　　(그가 서울을 떠난 이유는 그의 건강 때문이었다.)

Point.

명사는 한 단어.
하지만 2 단어 이
상이 명사의 역할
을 할 때,

그 속에 S V가
없는 경우
→ 명사구

그 속에 S V가
있는 경우
→ 명사절이라
칭한다.

★★ 4) 명사의 수

1. 명사의 복수형 만드는 방법

　① 규칙변화

　　ⓐ 대부분 : -s

　　　ex) bag – bags, apple – apples

　　ⓑ -s, -ss, -sh, -ch, -z, -x, -o, ⊕ es

　　　ex) bus – buses, watch – watches

　　ⓒ 자음 ⊕ y → ies

　　　ex) baby – babies, city – cities

　　ⓓ -f, -fe : ves

　　　ex) leaf – leaves, knife – knives

★ Point.

명사의 수일치를
묻는 문제가 매우
자주 출제 된다.

– 주어가 될 수 있
는 자격 : '문장 맨
앞에 혼자 나온
명사류'
↓
이 용어를 아는 것
이 매우 중요하다.

② 불규칙 변화

man	men	goose	geese
woman	women	tooth	teeth
child	children	foot	feet
person	people	datum	data
ox	oxen	medium	media
mouse	mice	phenomenon	phenomena

③ -s로 끝나는 항상 복수취급 하는 경우

pants	shoes	gloves
jeans	sneakers	goods (상품)
pajamas	glasses	belongings (재산)
socks	scissors	clothes (옷)

④ -s로 끝나지만 단수취급 하는 경우

  ⓐ news

  ⓑ 학과명 : physics

  ⓒ 질병명 : measles

  ⓓ 게임명 : billiards

  ⓔ 복수형의 국가명 : Netherlands

  ⓕ **거리 시간 가격 무게**

⑤ 단, 복수형태가 같은 경우

```
┌ deer
│ sheep
│ salmon
│ fish
└ species
```

⑥ 항상 복수취급 하는 경우 → 관사 a/an 이나 –s를 쓰면 안 된다.

```
┌ police
│ cattle
└ people
```

★

2. 주의해야할 수

```
┌ the number  [ of ⊕ 복수명사 ] ⊕ (단수동사)★
│   (s)
│   (~의 수)
│
└ a number of ⊕ [ 복수명사 ] ⊕ (복수동사)★
                    (s)
```

= many

ex) The number of students who read books **is**★ decreasing.

(책을 읽는 학생들의 수는 감소하고 있다.)

ex) A number of students **play**★ games these days.

(요즘 많은 학생들이 게임을 한다.)

3. 주의해야할 수 : 많은

```
┌ many ⊕ 복수명사 ⊕ 복수동사
│ ex) Many people in this town **ride** bikes.
│    (이 도시에 있는 많은 사람들은 자전거를 탄다.)
└ many ⊕ a ⊕ 단수명사 ⊕ 단수동사
```

ex) Many a person in this town **rides** bikes.

Meta Grammar

★
4. 주의해야할 수 : of 이하의 수에 따라 달라지는 경우

분수	half
퍼센트	all
minority (소수)	the rest
majority (대다수)	a lot
most (대부분)	lots
some (몇몇/약간)	plenty

⊕ of ⊕ (단수명사) ⊕ 단수동사
⊕ of ⊕ (복수명사) ⊕ 복수동사

ex) Three-quarters of the books <u>are</u>★ about the history of Korea.

(책의 3/4 이 한국역사에 대한 것이다.)

Two-fifths of the river <u>has</u>★ been frozen since last week.

(강의 2/5가 지난 주부터 얼어 있다.)

* 가산 명사와 불가산 명사로 쓰이는 경우

	가산명사	불가산명사
hair	머리카락 한 올	머리카락 전체
glass	유리잔	유리
iron	다리미	철, 쇠
time(s)	횟수(~번)	시간
space	장소	우주
paper	신문, 논문	종이
light	전등	빛
fire	화재	불
success	성공한 사람	성공
kindness	친절한 행위	친절

Point.

of 이하의 수가
단수명사이면,
단수동사를 쓰고,
복수 명사이면
복수형의 동사 즉,
-s를 쓰면 안된다.

point.

가산명사는
관사를 써야 하지
만, 불가산명사는
관사를 쓸 수 없다.

ex) a hair
(머리카락 한 올)

she has long hair.
(그녀는 머리가 길다.)

→ 시험 문제로는
거의 출제되지
않았다.

5) 추상명사의 활용

① 매우 ~한

= ┌ very ⊕ 형용사
  │ all ⊕ 추상명사
  └ 추상명사 ⊕ itself

ex) I am very happy.

I am all happiness.

I am happiness itself.

(나는 매우 행복하다.)

★ ② of ⊕ 추상명사 = 형용사

ex) of use = useful (유용한)

of no use = useless (쓸모없는)

of importance = important (중요한)

★ ③ 전치사 ⊕ 추상명사 = 부사

ex) with ease = easily (쉽게)

with fluency = fluently (유창하게)

on purpose = purposely (고의로)

by accident = accidentally (우연히)

④ have ⊕ 추상명사 ⊕ to $\sqrt{V}$: ~하게도 ~하다

ex) I have happiness to meet my old friend tonight.

(나는 오늘밤 행복하게도 나의 옛 친구를 만난다.)

Point.

'to + one's +
추상명사 : ~하게
도 '
= 부사

→ 고1 내신으로
기출되고 있다.

To my surprise,
(=Surprisingly)
he married my
friend.
(놀랍게도,
그는 내 친구와
결혼했다.)

Meta
Grammar

★ 6) 물질명사의 수량화

① a piece of { paper (a sheet of) cheese pizza cake chalk advice (추상명사) information (″) ⋮	⑤ a bottle of wine (와인 한 병)
② a glass of water (물 한잔) → two glasses of water	⑥ a spoonful of sugar (설탕 한 스푼)
	⑦ a pound of meat (고기 1파운드)
③ a cup of tea	⑧ a bar of soap (비누 한 조각)
④ a carton of milk (우유 한 통)	⑨ a bowl of rice (밥 한그릇)

Point.

물질명사는 셀 수 없으므로 물질 명사를 담는 용기나 조각 등으로 수를 나타낸다.

7) 명사의 소유격 만드는 방법

① 사람 or 동물의 경우 : 's

ex) Namyoung's bag

*-s로 끝나는 복수형의 경우 : ' 만

ex) Boys' middle school (남자 중학교)

② 무생물의 경우 : of

ex) the legs of the desk (책상의 다리)

③ 무생물이지만 's 를 쓰는 경우

(거)(시)(가)(무)
(리 간 격 게)

ex) twenty minutes' walk (20분의 산책)

★
④ 이중소유격 :
$\begin{pmatrix} 관사 \\ 지시형용사 (this/that) \\ 부정형용사 (some/any) \end{pmatrix}$ 는 소유격과 나란히 쓸 수 없다

➡ $\begin{pmatrix} 관사 \\ 지시형용사 \\ 부정형용사 \end{pmatrix}$ ⊕ 명사 ⊕ of ⊕ (소유대명사)★

Note

Point.

이중 소유격 표현
에서 소유대명사
를 써야지, 목적격
이나 소유격을
쓰면 안 된다.

ex) my a friend (X)

→ a friend of me (O)
           mine

ex) some my brother's friends (X)

→ some friends of my brother's (O)

142

Meta
Grammar

11. 관사 (Article)

* 관사 (Article) : 형용사 역할

┌─ 부정관사(Indefinite Article) : **a/an**

➡ 불특정 사물을 나타내는 명사 앞에 덧붙여지는 관사

　(정해지지 않은 명사를 지칭)

└─ 정관사(Definite Article) : **the**

➡ 명사 앞에 붙어서 지시나 한정의 뜻을 나타내는 관사 (정해진 명사를 지칭)

1) 부정관사(셀 수 있는 명사 앞)

1. 막연한 하나

　　ex) She has a cat. (그녀는 고양이를 가지고 있다.)

2. 구체적인 하나

　　ex) He has two dogs. I have a dog.

　　(그는 2마리의 개가 있다. 나는 한 마리의 개가 있다.)

3. 어떤(= certain)

　　ex) An old lady was standing in front of your house.

　　(어떤 노인이 너의 집 앞에 서 있었다.)

4. 똑같은(= the same)

　　ex) Birds of a feather flock together. (유유상종 : 끼리끼리 모인다.)

5. ~ 마다(= per)

　　ex) She visits his parents once a month.

　　(그녀는 한 달에 한 번씩 그의 부모님을 방문한다.)

6. ~ 라는(사람, 작품)

　　ex) I like a Picasso. (나는 피카소의 작품을 좋아한다.)

7. 종족 전체

　　ex) A rose is a very beautiful flower.

　　(장미는 매우 아름다운 꽃이다.)

　　(→ 한 송이만 아름다운 것이 아니라, 장미 전체가 아름답다는 표현)

Point.

1. 부정관사는 기본적으로, '하나의' 라는 의미.

2. 셀 수 있는 명사 앞에 쓰인다.

3. 단독으로 쓰일 수 없고, 복수명사나 셀 수 없는 명사 앞에서도 쓰일 수 없다.

4. an : 발음이 모음으로 시작되는 명사 앞에 쓰인다.

point.

주어: Birds
→ 문장 맨 앞에 혼자 나온 명사류가 주어
(of a feather은 전치사⊕명사
: 제외할 요소)

➡ 동사의 수: Birds 가 주어이므로 flocks가 아니라 flock을 써야한다.

2) 정관사

1. 앞에 나온 것을 다시 가리킬 때

ex) I have a dog. / The dog is very cute. (그 개는 매우 귀엽다.)

2. 서로가 이미 알고 있는 것을 가리킬 때

ex) Close the door, please. (문을 닫아 주세요.)

3. 뒤에서 수식하는 어구가 있을 때

ex) the water (in the glass)

4. 세상에서 유일한 것을 가리킬 때

ex) the sun, the sea …

★ 5. the ⊕ 형용사 = 복수보통명사 (~하는 사람들(것들))

ex) the poor = poor people / the sick = sick people

ex) The rich are not always happy.

(부유한 사람들이 항상 행복한 것은 아니다.)

6. 악기 이름 앞 ex) play the piano

7. 신체부위의 소유격 만드는 경우

➡ 동사 ⊕ 목적어 ⊕ 전치사 ⊕ the ⊕ 신체부위
(in/on/by)

ex) He tapped his son on the shoulder. (그는 아들의 어깨를 톡톡 쳤다.)

8. 방향 앞 : ex) the east

9. 산맥 이름 앞 : ex) the Alps

10. 기차, 배 이름 앞 : ex) the Mayflower

Point.

the + 형용사

1. 동사의 수일치
2. 대명사의 수일치로 기출

→ 형용사이지만 the 와 함께 쓰이면 셀 수 있는 복수명사가 된다.

*not ~ always
: 부분부정
→ 항상 ~인 것은 아니다.

11. 강 이름 앞 ex) <u>the</u> Han river (한강)

12. 관공서 앞 ex) <u>the</u> city hall (시청)

13. 신문 이름 앞 ex) <u>the</u> Times (타임지)

14. 종족 전체 대표

ex) <u>The</u> dog is a faithful animal.

(개는 충성스런 동물이다.)

15. 최상급 앞 ex) <u>the</u> largest city (가장 큰 도시)

16. 서수 앞 ex) <u>the</u> second floor (2층)

17. 복수형의 국가 이름 앞 ex) <u>the</u> United States (미국)

18. 대양 앞 ex) <u>the</u> Pacific Ocean (태평양)

19. 관용적인 표현

┌ the only (유일한)

├ the same (똑같은)

└ the very (바로 그 : 명사 강조)

3) 관사를 쓰지 않는 경우

1. 식사 이름 앞 : lunch

➡ ex) I ate dinner. (나는 저녁을 먹었다.)

※ 단, 식사의 종류를 나타낼 때는 가능

ex) a wonderful dinner (멋진 저녁 식사)

2. 운동경기 앞 : ex) He plays soccer well.(그는 축구를 잘한다.)

3. 관직 이름 앞

ex) He was elected president of the students'union.

(그는 학생회 회장으로 선출되었다.)

4. 질병 이름 앞 : cancer (암), leukemia (백혈병)

5. 학과 이름 앞 : economics (경제학), history (역사)

6. 건물이나 물건이 본래의 용도로 쓰이는 경우

ex) go to bed : 잠자다

go to church : 예배드리다

7. 가족 호칭 앞

ex) Mom is in the living room.

(엄마는 거실에 계신다.)

8. 관용적인 표현

ex) at home, listen to music , watch TV

9. by ⊕ 교통수단 〈다른 전치사는 관사를 쓴다.〉

ex) **by** taxi, **by** bus (버스로)

< in a 교통수단
< on a 교통수단

ex) in a bus

on a bus

Point.

건물이나 물건이
다른 목적으로 쓰
이는 경우는 관사
를 쓴다.

ex) I went to
the school
to meet my
teacher.
(나는 선생님을
만나기 위해 학교
에 갔다.)

* Mini-Test

1. 명사의 종류와 정의를 구체적으로 쓰시오.

2. 명사 상당어구를 쓰시오.

3. 명사의 규칙변화와 불규칙 변화에 대해 쓰시오.

4. 명사의 단수와 복수가 같은 경우와 항상 복수 취급하는 경우를 쓰시오.

5. -s 로 끝나지만 항상 단수 취급하는 경우와 복수 취급하는 경우를
   각각 쓰시오.

6. of 이하의 수에 따라 달라지는 경우의 수 일치를 쓰시오.

7. 전치사 ⊕ 추상명사에 대해 구체적으로 서술하시오.

8. 관사를 쓰지 않는 경우를 쓰시오.

9. 부정관사가 지닌 의미들을 쓰시오.

10. 정관사를 쓰는 경우 1~10까지를 쓰시오.

11. 정관사를 쓰는 경우 11~ 19까지를 쓰시오.

Meta
Grammar

12. 대명사 (Pronoun)

Note

* 대명사

➡사람이나 사물, 장소나 방향을 직접 가리키는 기능을 하는 품사

(명사를 대신 가리키는 것)

※ 종류

1) 관계대명사	접속사 ⊕ 대명사의 역할
2) 지시대명사	this나 that 이것, 저것을 가리키는 대명사
3) 의문대명사	주어, 목적어, 보어의 정보를 몰라서 물어볼 때 쓰이는 의문사
4) 부정대명사	정해지지 않은 막연한 명사를 대신하는 대명사
5) 인칭대명사	사람이나 사물을 가리키는 대명사

point.

문장의 모든 단어
들은 각자 하는 역
할이 있다.

S,O,C자리 중
하나가 생략된
경우가 있다면 명
사의 역할을 하는
품사가 필요하다.

Meta Grammar

◘ 지시대명사

this (복수형 : these) : ① 이것

ex) **This** is my garden.

(이것은 나의 정원이다.)

② 이 사람

ex) **This** is his English teacher.

(이 분은 그의 영어 선생님이시다.)

③ 후자 (the latter)

ex) Of the two, **this** is much better than that.

(둘 중에서, 후자가 전자보다 훨씬 더 낫다.)

that (복수형 : those) ① 저것 : ex) **That** is his favorite dog.

(저것은 그의 가장 좋아하는 개다.)

② 저 사람 : ex) **That** is my father.

③ 전자 (the former)

★ ④ 앞에 나온 명사의 반복을 피하기 위해서 쓰이는 경우

(복수명사를 지칭할 경우는 those)

ex) The weather of Seoul is warmer than **that** of
　　　　　　　　　　　　　　　　　　　the weather
Daegu.

(서울의 날씨는 대구보다 더 따뜻하다.)

ex) The apples in this box look more delicious

than **those** in that box.
　　　the apples
(이 박스 안에 있는 사과가 저 박스 안에 있는 것보다

더 맛있어 보인다.)

point.

지시대명사
that ④번 구문은
빈출구문이다.

→ 풀이법: 그 문장
에서 앞에 나온 명
사를 체크하라.

→ 보통, 비교구문
으로 출제된다.

① as 원급 as
② 비교급 than
③ be similar to
④ differ from ⊕ that of
⑤ be different
　from
⑥ be like

② 의문사의 종류

1) 의문대명사 : **what / who / whom / which / whose**
   (무엇) (누가) (누구를) (어느 것) (누구의 것)

   ex) <u>What</u> will you have for lunch?

   (점심으로 무엇을 먹을거니?)

2) <u>의문형용사</u> ⊕ 명사 : **what / which / whose**
   (무슨) (어느) (누구의)

   ex) <u>What</u> subject do you like?

   (너는 무슨 과목을 좋아하니?)

3) 의문부사 : **where / when / why / how**
   (어디에) (언제) (왜) (어떻게)

   ex) <u>Where</u> ~~What~~ are you going now?

point.

1. S, O.C 자리 중의 하나가 생략되어 있는 경우: 의문대명사 have의 목적어가 없으므로 의문부사인 how가 아니라 대명사인 'what: 무엇을'이 필요하다.

2. 장소, 이유, 때, 방법 중의 하나가 생략되어 있는 경우 : 의문부사 필수성분이 필요하지 않으므로 의문부사 where이 필요하다.

③ 인칭대명사의 격변화

	인칭	주격 (은,는,이,가)	소유격 (~의)+명사	목적격 (~을,~를)	소유대명사 (~의 것)=소유격+명사	재귀대명사 (~자신)
단수	1인칭	I	my	me	mine	myself
	2인칭	you	your	you	yours	yourself
	3인칭	he	his	him	his	himself
		she	her	her	hers	herself
		it	its	it	x	itself
복수	1인칭	we	our	us	ours	ourselves
	2인칭	you	your	you	yours	yourselves
	3인칭	they	their	them	theirs	themselves

ex) <u>Her</u> sister is playing the piano. (그녀의 언니는 피아노를 치고 있다.)

He likes <u>her</u>. (그는 그녀를 좋아한다.)

This book is <u>hers</u>. (이 책은 그녀의 것이다)

Meta Grammar

*재귀대명사

: 한 문장 안에서 앞에 나온 주어 혹은 목적어를 다시 써야 할 경우에 쓰이는 대명사

★ 1) 용법

┌ ① (재귀용법) : 생략 x (O 자리) – 전치사의 목적어 포함

   ex) I love **myself**. (I love ~~me~~.)

   ex) Look at yourself. (너 자신을 봐)

└ ② (강조용법) ★ : 생략 가능 (명사/대명사 바로 뒤 : 강조용법)

   ex) I **myself** love him. (나 자신이 그를 사랑한다.)

2) 관용적 표현

for oneself	스스로	beside oneself	제정신이 아닌
by oneself	홀로	between ourselves	우리끼리 얘기지만
of oneself	저절로	help oneself	맘껏 먹다
in oneself	그 자체로	make oneself	편히 쉬다
enjoy oneself	즐기다	hurt oneself	다치다
cut oneself	베이다	burn oneself	화상 입다

point.

*중학교 기출 유형

1. 용법 구별
목적어 자리
: 재귀용법

명사/대명사
⊕ self
: 강조용법 – 대명
사의 역할이 중복
되므로 생략가능
하기에 강조용법
으로 보면 된다.

2. 고등학교 기출
유형
: 재귀대명사 vs
인칭대명사

⇨ 앞에 나온 명
사나 대명사를 지
칭하는 경우 : 재귀
대명사

⇨ 앞에 나온 명
사가 아닌 새로운
대명사의 경우 –
인칭대명사

❹ 부정대명사

: 정해지지 않은 막연한 사람이나 사물을 가리키는 대명사
  <u>(부정)</u>   <u>(대명사)</u>

1) one, ones

1. <u>one</u> : 막연한 하나 (앞에 나온 명사의 종류는 같으나 바로 그것은 아닌 것)

   ex) The car is more expensive than that one.(=car)

   (그 차는 저것보다 더 비싸다.)

2. <u>ones</u> : 막연한 여러 개들

   (앞에 나온 명사의 종류와 같은 복수명사를 내신하는 대명사)

   ex) These roses look fresher than those ones.(=roses)

   (이 장미들은 저 장미들보다 더 신선해 보인다.)

※ 구별 : it

  *특정대명사 : 그것

  ⇨ 특별히 정해진 것을 가리키는 대명사

  ex) A : I have <u>a pen</u>.

      It is very nice.

※ It의 쓰임

  ① 특정대명사

  ② 비인칭 주어 – 해석이 없다.

ⓐ짜	ⓐ일	ⓐ씨	ⓐ간
ⓐ암	ⓐ절	ⓐ리	ⓐ

  ex) It is getting darker and darker.

   (점점 더 어두워지고 있다.)

point.

*one과 it 구별

가주어 it과 비인칭주어 it은 둘다 해석이 되지 않는다는 점에서는 공통점이지만,

차이점은, 가주어는 문장 안에 다른 주어가 존재하지만, 비인칭주어는 이 자체가 주어라는 점이다. (다른 주어가 없음)

★ ③ 가주어 – 진주어 (it ~ to $\sqrt{v}$ / that절)

ex) It is important to read a book every day.
　　　가주어　　　　　　　진주어

(매일 책을 읽는 것은 중요하다.)

★ ④ 가목적어

make ─┐
find
take
consider
believe
think ─┘

⊕ (it) ⊕ O.C ⊕ (to√v)
　가목적어　　　　　진목적어

ex) I found (it) possible to read the book in a day.

(나는 하루에 그 책을 읽는 것이 가능하다는 것을 발견했다.)

★ ⑤ It~ that 강조구문

↳ It~ that 가주어/ 진주어와 구별

ex) I broke the window yesterday.

→ 1. It was I that(who) broke the window yesterday.

(어제 창문을 깬 것은 바로 나였다.)
〈사람 주어를 강조할 경우, that 대신 Who를 쓸 수 있다.〉

→ 2. It was the window that(which) I broke yesterday.

(어제 내가 깬 것은 바로 창문이었다.)
〈사물 목적어를 강조할 경우, that 대신 Which를 쓸 수 있다.〉

→ 3. It was yesterday that(when) I broke the window.

(내가 창문을 깬 것은 바로 어제였다.)
〈시간을 강조할 경우, when/장소를 강조할 경우, where을 대신 쓸 수 있다.〉

주의〉 It is important that you read a book every day. 〈가주어/진주어〉
　　　　　　　　　　　(완문)
(네가 매일 책을 읽는 것은 중요하다.)

point.

1. 중 2,3학년
기출 유형: 가 S /
진 S

① it과 같은 용법

② to √v 용법 :
명사적용법〈주어〉

2. 가목적어
기출유형:

① it이 생략되어
나온 경우 : 오류

② it과 같은 쓰임
고르기

③ 서술형

3. 〈It~that 강
조구문과 가주어/
진주어 구별법〉
→ 중 2부터 기출

강조구문은 that
이하에 생략된
부분이 있다.

가주어-진주어는
that 이하에 생
략된 부분이 없는
완문이 온다.

➡ 강조구문은
중3부터 기출된다.

---

12. 대명사 (Pronoun)　　　　　　　　157

2) one, the other
└ 나머지 하나

one   the other

ex) There are **two** apples on the plate. (접시에 2개의 사과가 있다.)

One is red. (하나는 빨갛다.)

The other is green. (나머지 하나는 녹색이다.)

Note

Point.

* the other을 묻는 문제 빈출.

* 앞부분에 two 가 있는지 확인해 보고, 있다면 the other이 옳은 표현이다.

3) one, another, the other
└ 또 다른 하나

one   another   the other

ex) There are three books on the table. (테이블 위에 세권의 책이 있다.)

One is yours. (하나는 너의 것이다.)

Another is Tom's. (또 다른 하나는 Tom의 것이다.)

The other is mine. (나머지 하나는 내 것이다.)

Point.

앞에 three라는 표현이 있는지 확인.

4) some, others, the others

1. some / the others

〈정해진 수들 중 나머지들〉

➡ Limited (제한된 수)

some   the others

ex) There are ⓣⓔⓝ balls in the box. (박스에 10개의 공이 있다.)

Some are yellow. (몇몇은 노란색이다.)

The others are red. (나머지들은 빨강색이다.)

2. some / others

➡ unlimited (무제한의 수)

some   others

ex) There are many fish in the sea. (바다에는 많은 물고기들이 있다.)

Some live in the shallow sea. (몇몇은 얕은 바다에 산다.)

Others live in the deep sea. (나머지들은 깊은 바다에 산다.)

5) some, any

1. <u>some</u> [부정대명사 : 몇몇]

    [부정형용사 : 몇몇의 + N]

2. <u>any</u> [부정대명사 : 어떤 것]

    [부정형용사 : 어떤 + N]

some	any
긍정문	부정문
권유의문문	의문문
긍정의 대답이 예상되는 의문문	조건문 (if~)
	긍정문 (어떤 ~라도)

ex) She needs <u>some</u> money. (긍정문) (그녀는 약간의 돈이 필요하다.)

She doesn't need <u>any</u> money (부정문) (그녀는 돈이 조금도 없다.)

If you want to have <u>any</u> friends, you should be a good friend to them.

(만약 네가 어떤 친구를 갖길 원한다면, 너는 그들에게 좋은 친구가 되어야한다.)

★ 6) another, other

1. another   부정대명사 : 같은 종류 중에서 또 다른 하나

  (하나의/다른)   부정형용사 ⊕ (단수명사)★

2. other : 부정형용사 ⊕ (복수명사)★ : 다른

    ex) ((another)/ other) bag

    (another /(other)) bags

Meta Grammar

7) all, both, most

1. all

```
┌─ 부정대명사 : 모든 것
│
└─ 부정형용사 :┌─ all ⊕ N₋ₛ ⊕ V
             │        -es
             └─ all ⊕ N ⊕ V₋ₛ
                            -es
```

ex) <u>All</u> I have to do is study hard.

(내가 해야 하는 전부는 열심히 공부하는 것이다.)

<u>All</u> flowers need water.

(모든 꽃들은 물을 필요로 한다.)

<u>All</u> water in the pool was polluted.

(웅덩이에 있는 모든 물이 오염되었다.)

2. both ➡ 항상, (복수취급)

```
┌─ ① 부정대명사 : both ⊕ of ⊕ the ⊕ N₋ₛ : 둘 다
│                                     -es
│   ex) Both of the songs were very good.
│
│       (그 노래 중 둘 다 너무 좋았다.)
│
└─ ② 부정형용사 : both ⊕ N₋ₛ : 둘 다의
                         -es
    ex) Both students in the room are my sisters.

        (방 안에 있는 두 학생들은 나의 언니들이다.)
```

Note

Point.

All S have to do
구문에서는,
be동사 다음 보어
자리에 to가 생
략된 √V 표현
을 쓴다.

➡ is (to) study

Point.

All S have to do
에서 All 뒤에
목적격
관계 대명사
that 이 생략됨.

3. most

① **부정대명사 : 대부분 : most of the ⊕** ┬ 복수명사 + V

└ 단수명사 + V$_{-s}$
$_{-es}$

ex) Most of the books **are** about history.

(그 책들 중 대부분은 역사에 관한 것이다.)

ex) Most of the river **is** frozen.

(강의 대부분은 얼어있다.)

② **부정형용사 : 대부분의 : most ⊕** ┬ 단수명사 ⊕ V$_{-s}$
$_{-es}$

└ 복수명사 ⊕ V

ex) Most information from Tom **is** not true.

(Tom으로부터의 대부분의 정보는 사실이 아니다.)

ex) **Most** students in the classroom **study** hard.

(교실에 있는 대부분의 학생들은 열심히 공부한다.)

★ ※ **most / almost 구별법 –> 품사가 다르므로 바로 뒤에 나온 단어의 품사 확인**

① **명사나 of가 나온다면 : most**

② **형용사/부사/동사 등 다른 품사가 나오면 : almost (부사)**

ex) He solved **almost** all the questions on the exam.

(그는 시험에서 거의 모든 문제를 풀었다.)

ex) **Most** students handed in their homework

(대부분의 학생들이 그들의 숙제를 제출했다.)

Note

point.

most of 의 수일치

→ of 이하의
명사가 **복수**이면,
복수동사를 쓰고,
단수이면,
단수동사를 쓴다.

★

8) every, each : 항상 단수 취급

(everything, –body, –one) –〉 부정대명사 **(항상 단수취급)**

1. every : 모든

➡ 부정형용사 ⊕ 단수명사 ⊕ 단수동사

ex) **Every** student doesn't study hard.

(모든 학생이 다 열심히 공부하는 것은 아니다.)

ex) **Everything** [in the garden] is rosy. (만사형통이다)

2. each

─① **부정대명사 – 각 각** : <u>each of</u> ⊕ N$_s$ ⊕ V$_s$
　　　　　　　　　　　　 S 　　　　 -es 　-es

ex) <u>Each</u> [<u>of</u> the stones] <u>is</u> unique.
　　 S 　　　　　　　　　 V

─② **부정형용사 – 각각의** : each ⊕ N ⊕ V$_{-s}$
　　　　　　　　　　　　　　　　　　　　 -es

ex) <u>Each stone</u> in this area <u>is</u> unique.
　　 S 　　　　　　　　　 V

9) no, nothing, nobody, none

1. no = not ~ any : 형용사 → 명사 부정

2. not : 부사 → 동사 부정

ex) I have no idea.

= I don't know.

Point. Note

every가 '모든'이
라는 뜻이어서
복수로 생각할 수
있지만, 항상 단
수취급하기 때문
에 빈출.

every / all
→ '모든'
➡ every : 단수취급
　 all : 복수취급
　　　↓
〈셀 수 없는 명사의
경우는 단수명사가
오지만, every와의
구별 문제에서는
셀 수 있는 명사가
뒤에 나올 것이기
에 복수명사가 와
야 한다.〉

each → 항상 단
수 취급한다는 것
을 기억해야 한다.

Point.

1. every ⊕ 숫자
⊕ 복수명사
　　 : ~마다
ex) every four
years(4년마다)

2. another ⊕
숫자 ⊕ 복수명사
ex) another
ten minutes
(10분 더)

12. 대명사 (Pronoun)

163

3. nothing = not ~ anything : 아무것도(어떤 것도) ~아닌

   ex) **Nothing** is more precious than health.

   (건강보다 더 소중한 것은 아무 것도 없다.)

4. nobody = not ~ anybody : 아무도 ~ 아닌

   ex) **Nobody** knew what to do.

   (아무도 무엇을 해야 할지 몰랐다.)

5. none = 아무(하나)도 ~ (~않다, 없다)

   ex) None of the students failed in the exam.

   (학생들 중 아무도 시험에서 떨어지지 않았다.)

10) either, neither

1. either : 둘 중의 하나

   ┌ either ⊕ 단수명사
   └ either of ⊕ 복수명사

   ex) You may buy an apple or a pineapple.

   (너는 사과나 파인애플 중 어느 것을 사도 좋다.)

   ➡ **Either** fruit is fine with me.

   (어느 과일이든 나는 괜찮아.)

   ex) Does **either** of your friends dance well?

   (네 친구 둘 중에 누가 춤을 잘 추니?)

Point.

either 은 부정문에서 또한, 역시로도 쓰인다.

ex)
A: I am not hungry.

B: I am not hungry, either.

〈긍정문 : too〉
ex)
A: I am happy.

B: I am happy, too.

Meta Grammar

2. neither : 둘 다 아닌

┌ neither ⊕ 단수명사
└ neither of ⊕ 복수명사

ex) **Neither** way worked.

(어느 방법도 효과가 없었다.)

ex) **Neither** of these ways worked.

(이 방법들 중 어느 것도 효과가 없었다.)

Point.

neither은 동의의
표현에서도 쓰인다.

ex)
A: I am not a
student.
B:┌ Me, neither.
│   (나 역시)
└ Neither am I.
     (나도 그래)

(긍정문에서는
Neither 이 아니
라, so를 쓴다.)

ex)
A: I study hard.
B:┌ Me, too
│
└ So do I.
    (나도 그래)

* Mini-Test

1. 대명사의 종류를 쓰시오.

2. 인칭대명사의 격변화를 쓰시오.

3. 지시대명사 this / that 의 쓰임에 대해 구체적으로 쓰시오.

4. 의문사의 종류를 품사별로 쓰시오.

5. 재귀대명사의 용법 구별과 관용적 표현을 뜻과 함께 쓰시오.

6. one / another / the other을 예를 들어 설명하시오.

7. some / others / the others를 예를 들어 설명하시오.

8. all / both / each / every / most / almost를 각각 구별하여 쓰시오.

13. 형용사 (Adjective)

문법 개념 정리 : 형용사 (Adjective)

* 형용사 : 사람이나 사물의 상태나 성질을 나타내는 품사. (보통, '-ㄴ'으로 해석된다.)

* 상태 : cute, tall, clean, pretty …

* 성질 : smart, kind, careful, honest …

1) 역할

1. 명사수식 (제한적 용법)

ex) a ⊕ 형 ⊕ 명 → a <u>smart</u> girl
　　　　　　　 형　　 명

2. 보어자리 (서술적 용법)

ex) He looks <u>happy</u> these days.

(그는 요즘 행복해 보인다)

※ 주의

① 제한적 용법으로만 쓰이는 형용사

golden (금으로 된)	**main** (주된)
wooden (나무로 된)	**chief** (주요한)
drunken (술 취한)	**elder** (나이가 위인)
live (살아있는)	**only** (유일한)
living (살아있는)	**mere** (단순한)

ex) a <u>wooden</u> desk (나무로 된 책상)

Note

Point.

1. 형용사와 부사 구별 문제가 많이 출제된다. 무슨 역할을 하는지 아는 것이 중요하다.

2. 서술적 용법으로만 쓰이는 형용사를 꼭 기억해야 한다.

★ ② 서술적 용법으로만 쓰이는 형용사

Note

a-

┌ ★alive

│ ★asleep

│ ★alike

│ awake

│ afloat

│ afraid

│ ashamed (부끄러운)

└ pleased (기쁜)

ex) Is your grandmother still <u>alive</u>?

(너의 할머니는 여전히 살아 계시니?)

★ ③ <u>alike와 like 구별</u>

┌ alike ⊕ . / , / 전치사 / 접속사 / 부사

│ ex) Tom and his father are <u>alike</u>.

│ (Tom과 그의 아버지는 닮았다.)

└ like ⊕ 명사류

ex) Tom <u>looks like</u> a puppy.

(Tom은 강아지처럼 생겼다.)

2) 형용사 상당어구

형용사구	형용사절
① to $\sqrt{V}$ 구	① 관계대명사절
② 전치사 + 명사구	② 관계부사절
③ 분사구	③ 동격의 접속사 that절

Point.

한 단어로써 형용사 역할을 한다면, 형용사라고 칭한다.

두 단어 이상이 한 덩어리가 되어 형용사의 역할을 할 때, S V가 없는 경우
- 형용사구

S V가 있는 경우
- 형용사절이라고 칭한다.

ex) The book <u>on the desk</u> is Tom's.

(책상 위에 있는 그 책은 Tom의 것이다.)

<u>The fact</u> [that he had many tasks to do] made him tired.

(그가 할 일이 많이 있다는 사실이 그를 지치게 만들었다.)

3) 혼동되는 형용사

consider	considerable	상당한
	considerate	사려깊은
economy	economic	경제의
	economical	절약하는, 경제적인
industry	industrial	산업의
	industrious	근면한
sense	sensible	분별력이 있는
	sensitive	민감한
history	historic	역사적인
	historical	역사의
imagine	imaginary	상상의, 가상의
	imaginative	상상력이 풍부한
	imaginable	상상할 수 있는
respect	respectable	존경할만한
	respectful	공손한
	respective	각각의
succeed	successful	성공적인
	successive	연속적인

4) 형용사의 어순

Note

1. a ⊕ 형 ⊕ 명

ex) a handsome guy

2. a ⊕ 부 ⊕ 형 ⊕ 명

ex) a very nice bag

★ 3. 형/부 ⊕ enough

ex) She is <u>smart enough</u> to solve this puzzle.

(그녀는 이 퍼즐을 풀만큼 충분히 똑똑하다.)

★ 4.
$$
\begin{bmatrix} -thing \\ -body \\ -one \end{bmatrix} ⊕ 형
$$

ex) I need <u>something hot</u> to drink.

(나는 뜨거운 마실 무언가가 필요하다.)

5. 서수 기수 성질 크기 신구(新舊) 색깔 국적 재료

서수	기수	성질	크기	신구(新舊)	색깔	국적	재료
first	two	kind	big	new	red	Korean	golden

ex) three big red Korean bags

(3개의 큰 빨강색 한국산 가방들)

---

point.

형 – 형용사
부 – 부사
명 – 명사

Point.

1. 형용사와 to √v 가 함께 ~thing을 수식할 경우의 어순

➡ ~thing ⊕ 형 ⊕ to √v

2. ~thing ⊕ 형용사: 빈출 표현

3. 숫자–단수명사 + 명사
ex) a five-year-old son

6. ⎡ such ⎤
   ⎢ quite ⎥ ⊕ a ⊕ 형 ⊕ 명
   ⎣ what ⎦

ex) He was <u>such a smart student</u> that he passed the exam.

(그는 너무 똑똑한 학생이어서 그 시험에 합격했다.)

7. ⎡ so ⎤
   ⎢ how ⎥ ⊕ 형 ⊕ a ⊕ 명
   ⎢ as ⎥
   ⎣ too ⎦

ex) He is <u>as good a student</u> as Tom.

(그는 Tom만큼 훌륭한 학생이다.)

5) 목적격 보어 자리에 형용사를 취하는 대표적인 빈출 동사

⎡ make ⎤
⎢ find ⎥ ⊕ O ⊕ 형용사 (~~부사~~)
⎢ keep ⎥
⎣ consider ⎦

ex) I found the book **easy**. (5형식)

(나는 그 책이 쉽다는 것을 알았다.)

※ 주의   (동사수식)
ex) I found the book **easily**. (3형식)

(나는 그 책을 쉽게 찾았다.)

13. 형용사 (Adjective)   173

6) 수량형용사

1. 많은

[a lot of
lots of
plenty of]

⊕ 수 (셀 수 있는 명사) = [many
quite a few] ⊕ 복수명사

⊕ 양 (셀 수 없는 명사) = [much
quite a little
a great deal of] ⊕ 단수명사

ex) a lot of books (=many books)

ex) a lot of sugar (=much sugar)

2. 몇몇의 / 약간의

*some

⊕ 수 = a few ⊕ 복수명사 ↔ few ⊕ 복수명사
〈거의 ~없는〉

⊕ 양 = a little ⊕ 단수명사 ↔ little ⊕ 단수명사
〈거의 ~없는〉

ex) some friends (=a few friends)

ex) some juice (=a little juice)

7) 분수 : [분자 → 기수
분모 → 서수-s]   ➡ 분수는 수일치 문제로 출제된다.

ex) **¾** : three-fourths (quarters)

ex) **⅘** : four-fifths

Point.

* 명사에 ~s
(복수명사)가 붙어
있는지 없는지로
구별하면 된다.

* [a few와 few
a little과 little]

접근방법: 문맥의
흐름상 해석을 통해
파악해야 함

Point.

분수가 주어인
경우의 수일치

=> 빈출: of 이하
의 명사의 수에
따라 결정된다.

ex) Two-fifths
of the apples
were sold last
week.
(사과의 2/3가 지
난 주에 팔렸다.)

ex) Three-
quarters of
this river is
frozen.
(이 강의 3/4가
얼어있다.)

Meta Grammar

*Mini-Test

1. 형용사의 정의와 역할

2. 형용사의 어순에 대해 서술하시오.

3. 목적보어 자리에 형용사를 취하는 대표적인 형용사

4. 제한적 용법과 서술적 용법으로만 쓰이는 형용사를 각각 쓰시오.

5. 수량 형용사 '많은' / '몇몇 / 약간의 ' 표현을 쓰시오.

6. consider / respect / succeed 형용사와 의미를 각각 쓰시오

7. economy / industry / imagine 형용사와 의미를 각각 쓰시오.

8. sense / history 의 형용사와 의미를 각각 쓰시오.

14. 부사 (Adverb)

14 문법 개념 정리 : 부사 (Adverb)

＊부사 : 대개, 형용사 ⊕ ly ─〉 부사 : ~하게

〈주의 : 명사 ⊕ ly ─〉 형용사〉

ex) lovely : 사랑스러운 / friendly : 다정한

★ 1) 역할

─ ① 형용사 수식

ex) Jenny is very happy. (Jenny는 매우 행복하다.)

─ ② 또 다른 부사 수식

ex) Jenny sings a song very well. (Jenny는 노래를 매우 잘 부른다.)

─ ③ 동사 수식

ex) The birds are singing merrily. (그 새들은 즐겁게 노래하고 있다.)

─ ④ 문장 전체 수식

ex) Fortunately, Jenny passed the test. (운 좋게도, Jenny는 시험에 통과했다.)

└ ⑤ 준동사 수식

ex) Getting up early is good for health. (일찍 일어나는 것은 건강에 좋다.)

Note

Point.

1. 암기법: 형부
(랑)동문(인) 준
(회)

2. 형용사와 부사
의 구별 ➡ 무슨
역할을 하고 있는
지 확인하라..

Meta
Grammar

2) 부사 상당어구

부사구	부사절
① to 부정사구 ② 분사 구문 ③ 전치사 + 명사류	① 시간의 부사절 (when~) ② 이유의 부사절(because~) ③ 양보의 부사절(though~) ④ 조건의 부사절(if~) ⑤ 목적의 부사절(so that~) ⑥ 결과의 부사절(so~that) ⑦ 복합관계사절

3) 부사의 종류

① **시간**을 나타내는 부사 : ex) yesterday, soon, then …

② **장소**를 나타내는 부사 : ex) there, here …

③ **상태 · 방법**을 나타내는 부사 : ex) slowly, fast …

④ **정도**를 나타내는 부사 : ex) too, so, enough …

⑤ **의문부사** : ex) how, where, when …

⑥ **빈도부사** : ex) always, sometimes …

⑦ **양태부사** : ex) carefully …

⑧ **접속부사** : ex) therefore …

⑨ **부정부사** : ex) not …

4) 형용사와 부사의 형태가 같은 경우

Note

Point.

어떤 역할을 하고 있는지를 통해 품사 확인

	형용사	부사
early	이른	일찍
fast	빠른	빨리
high	높은	높이
hard	어려운, 단단한	열심히
late	늦은	늦게
long	긴, 오랜	길게
pretty	예쁜	꽤
right	올바른	바르게
wrong	틀린, 잘못된	틀리게
well	건강한	잘
far	먼	멀리
deep	깊은	깊게
even	균등한	심지어 ~ 조차도
near	가까운	가까이
only	유일한	단지

ex) Julia is a very pretty girl.

(예쁜) : 명사 수식 -〉 형용사

The bag on the table is pretty expensive.

(꽤) : 형용사 수식 -〉 부사

★ 5) –ly가 붙어서 뜻이 달라지는 경우

Note

★ ① late ⊕ ly → **lately** : 최근에 (=recently)

★ ② high ⊕ ly → **highly** : 매우, 높이

③ deep ⊕ ly → **deeply** : 깊이

④ hard ⊕ ly → **hardly** : 거의 ~ 않는

⑤ rare ⊕ ly → **rarely** : 거의 ~ 않는

⑥ bare ⊕ ly → **barely** : 거의 ~ 않는

⑦ near ⊕ ly → **nearly** : 거의 (=almost)

⑧ close ⊕ ly → **closely** : 면밀하게

⑨ most ⊕ ly → **mostly** : 대개

⑩ even ⊕ ly → **evenly** : 균등하게

ex) He handed in the report late.

(그는 보고서를 늦게 제출했다.)

He has moved in the village lately.

(그는 최근에 그 마을로 이사했다.)

Point.

*출제유형 :

~ly가 쓰여야 할 표현에 ~ly가 없거나, late가 부사로 '늦게'로 쓰이는 표현에 lately가 오면 안 된다.

→ 학생들이 순간적으로 lately를 '늦게'의 의미로 착각하는 경우가 있으니 주의해야 한다.

6) 주의해야 할 부사의 종류

1. 빈도부사 : 정도나 횟수를 나타내는 부사

Note

Point.

빈도부사의 위치가
출제되니 암기.

암기법: ┌ 조 뒤/
        │ be 뒤/
        └ 일 앞

① **빈도부사의 종류** : 아래로 갈수록 빈도수가 적어진다.

always

usually

often

sometimes

hardly

never

★ ② **위치**

┌ ⓐ **조 v 뒤** : ex) He must <u>always</u> get up at 7 o'clock.

(그는 항상 7시에 일어나야 한다.)

├ ⓑ **be v 뒤** : ex) He is <u>sometimes</u> sad.

(그는 때때로 슬프다.)

└ ⓒ **일반 v 앞** : ex) He <u>hardly</u> tells a lie.

(그는 거의 거짓말을 하지 않는다.)

Meta
Grammar

2. already / yet / still

① already – 이미, 벌써 : 보통 문장 중이나 문미에 온다.

    ⓐ **긍정문**

        ex) I have <u>already</u> done my homework. (긍정문)

           (나는 이미 숙제를 다 했다.)

    ⓑ **놀람을 나타내는 의문문**

        ex) Have you <u>already</u> done your homework?

           (너는 벌써 숙제를 다 했니?)

② yet

    ⓐ **부정문** : 아직

        ex) I haven't done my homework <u>yet</u>.

           (나는 아직 숙제를 못했다.)

    ⓑ **의문문** : 벌써 (놀람을 나타내는 경우 : already와 바꿔 쓸 수 있다)

        – 보통 문장 중이나 문미에 온다.

        ex) Have you done your homework <u>yet</u>?

           (너는 벌써 숙제를 다 했니?)

    ⓒ **접속(부)사** : 그러나

        ex) He studied hard to pass the test. <u>Yet</u>, he failed in the test.

           (그는 시험에 합격하기 위해 열심히 공부했다. 그러나 그는 시험에 떨어졌다.)

③ still

    ⓐ **긍정문** : 여전히

        ex) My injured hand is <u>still</u> bothering me.

           (다친 손이 여전히 나를 괴롭히고 있다.)

    ⓑ **의문문** : 문장 중에 옴

        (계속의 의미를 나타내는 경우, 부정문에 쓰이기도 한다.)

        ex) Do you <u>still</u> love Kevin?

           (너는 여전히 Kevin을 사랑하니?)

★3. ago / before : 전에

┌─① ago : 현재에서 바라본 ~전에 ➡ 과거시제와 함께 쓴다

  ex) I (met / have met) Tom ago. (나는 전에 Tom을 만났다.)

└─② before : 어떤 기점을 기준으로 ~ 전에 : 주로 완료시제와 함께 쓴다

  ex) I (met / have met) Tom before. (나는 전에 Tom을 만난적이 있다.)

4. very / much

① very

┌─ⓐ 원급강조 / 최상급 강조

  ex) He is very happy today. (그는 오늘 매우 행복하다.)

└─ⓑ 현재분사 / 과거분사 수식

  ex) I feel very refreshed now. (나는 지금 매우 상쾌하다.)

  ex) The game was very exciting. (그 게임은 매우 흥미진진했다.)

② much

┌─★ⓐ 비교급강조

  ex) This car is much better than that one. (이 차가 저 차보다 훨씬 더 낫다.)

├─ⓑ 최상급강조

  ex) He is much the greatest doctor. (그는 가장 위대한 의사이다.)

└─ⓒ 과거분사 수식

  ex) He is much experienced in the field. (그는 그 분야에서 매우 노련하다.)

Point.

시제를 묻는 문제로
출제된다.

ago가 있는 구문
인지, before가
있는 구문인지 꼭
확인하라!

5. even / else

┌─ ① even : 심지어 ~조차도 (꾸며주는 말 앞에서 수식)

　　ex) I don't even think that playing soccer is exciting.

　　　(나는 축구하는 것이 흥미롭다고 심지어 생각조차 하지 않는다.)

└─ ② else : 그밖에 : 꾸며주는 말 뒤에서 수식

　　ex) The china can't be bought anywhere else.

　　　(그 도자기는 그 밖의 어떤 곳에서도 구입될 수 없다.)

★ 6. too / either / neither

┌─ ① too : 또한, 역시 – 긍정문

　　ex) A: I am a student.

　　　B: I am a student, **too**. (=Me, too.)(=So am I.)

├─ ② either : 또한, 역시 – 부정문

　　ex) A: Tom is not lazy. (Tom은 게으르지 않다.)

　　　B: Jane is not lazy, **either.**(=Jane, neither)

　　　　(Jane도 역시 게으르지 않다.)

└─ ③ neither : 동의의 표현인 경우

　　A: Joy isn't sad.

　　B: Me, **neither**. (나 역시)

　　　Neither am I. (나도 그래)

★ 7) 이어동사

: 동사가 전치사나 부사와 함께 쓰인 **구동사**

(동사가 지닌 의미가 아닌 다른 의미를 지니는 동사가 중요.)

① <u>자동사⊕ 전치사 : 분리 불가능</u>

┌ ⓐ 자동사 ⊕ 전치사 ⊕ 명사

└ ⓑ 자동사 ⊕ 전치사 ⊕ 대명사

ex) Look at the sky. (하늘을 보아라.)

Look at it. (그것을 보아라.)

★★
② <u>타동사 ⊕ 부사 : 분리 가능</u>

┌ ⓐ 타동사 ⊕ 부사 ⊕ 명사

ⓑ 타동사 ⊕ 명사 ⊕ 부사

⊗ 타동사 ⊕ 부사 ⊕ 대명사

★★   ★
└ ⓓ 타동사 ⊕ (대명사) ⊕ 부사

ex) Pick up **the book**. (그 책을 집어들어.)

Pick **the book** up.

Pick ~~up~~ it.

Pick **it** up. (그것을 집어들어.)

Meta
Grammar

Point.

이어동사는
빈출구문이다.

대명사의 위치가
중요하다.
↓
타동사와 부사
사이에 위치한
다는 것을 반드시
기억해야한다.

*명사는 가운데
or 뒤에 위치가
가능

* Mini-Test

1. 부사의 역할을 무엇인가요?

2. 빈도부사의 종류와 위치를 쓰시오.

3. 형용사와 부사의 형태가 같은 경우와 뜻을 쓰시오.

4. -ly가 붙어서 뜻이 달라지는 경우와 뜻을 쓰시오.

5. 부사의 종류를 쓰시오.

6. ago/before, too/either의 쓰임을 구체적으로 쓰시오.

7. else /even , very / much 의 쓰임을 구체적으로 쓰시오.

8. 이어동사에 대해 서술하시오.

15. 비교급 (Comparative)

학습내용

1. 종류

2. 비교급 / 최상급 만드는 방법

3. 비교급을 이용한 주요 표현

4. 비교급을 이용한 기타 표현

5. 최상급 표현

※비교급〈형용사 or 부사〉

1) 종류

1. 동등비교 : as 원급 as (~만큼 ~한)

ex) I (am) *as* diligent *as* ⎡ she ⎤
⎢ she (is) ⎥
⎣ her ⎦

2. 우등비교 : **-er than** (~보다 더)
(more~than)

ex) I am *taller* than you.

➡ **동등 비교 부정 → 우등비교가 된다.**

: not ~ as(=so) 원급 as

ex) He studies **as** hard **as** I do. (그는 나만큼 열심히 공부한다.)

→ He doesn't study **as** hard **as** I (do). ⤻ **(대동사 : study를 대신함)**

(그는 나만큼 열심히 공부하지 않는다.)

= I (study) harder than ⎡ he. ⎤ (나는 그보다 더 열심히 공부한다.)
(일반동사) ⎢ him. ⎥
⎣ he (does). ⎦

★ **3. 시험 유형**

① **as 원급 as**
  ~~비교급~~

ex) He is as tall as me.
           ~~taller~~

★ ② **as 형용사/부사 as** → Point. 앞의 **as**를 손으로 가려보고, 동사를 확인하라!
      (?)

  ┌ ⓐ v ⊕ as 형용사 as

  │ → 동사가 2형식동사인 경우 : 형용사 **〈보어자리〉**

  │   ex) Be as ((quiet)/quietly) as possible.
  │   (가능한 조용해라.)

  └ ⓑ v as 부사 as **〈동사 수식하는 경우 : 부사〉**

      ex) Walk as (quiet/(quietly)) as possible
         (가능한 조용하게 걸어라.)

★ ③ **as/than** : 앞부분에 as가 있는지, **비교급**이 있는지 확인

  ┌ ⓐ(as)~ **as** : ex) He is **as** tall **as** she is.
  │   (그는 그녀만큼 키가 크다.)

  └ ⓑ(비교급)~ **than** : ex) His car is **more** expensive **than** mine.
          (그의 차는 내 것보다 더 비싸다.)

Point.

as 원급 as 구문에서 문장이 부정문인 경우, 앞의 as 대신 so를 쓸 수 있다.

Point.

as가 형용사 / 부사를 결정하는 것이 아니라, 동사를 보고 결정하는 것이다.

2) 비교급과 최상급 만드는 방법

1. 비교급 만드는 방법	2. 최상급 만드는 방법 (the~)
[1] 규칙변화 ① 대부분 : -er 　 ex) tall – taller ② -e로 끝나는 경우 : -r 　 ex) cute – cuter ③ 자음 ⊕ y → ier 　 ex) pretty – prettier ④ 단모음 ⊕ 단자음 → 자음 ⊕ er 　 ex) hot – hotter ⑤ 2~3음절 이상인 경우 : more 　 ex) important – more important	① 대부분 : -est 　 ex) tall – tallest ② -e로 끝나는 경우 : -st 　 ex) cute – cutest ③ 자음 ⊕ y → iest 　 ex) pretty – prettiest ④ 단모음 ⊕ 단자음 → 자음 ⊕ est 　 ex) hot – hottest ⑤ 2~3음절 이상인 경우 : most 　 ex) important – the most 　　　 important
[2] 불규칙 변화 ① many/much – more – most ② ill/bad – worse – worst ③ good/well – better – best	④ ⌠ far – farther – farthest (거리: 더 먼) 　 ⌡ far – further – furthest 　 (정도: 더 많은) ⑤ little – less – least ⑥ ⌠ old – older – oldest 　 ⌡ old – elder – eldest 　　　 (가족 중 더 나이 든)

Note

Meta
Grammar

★3) 비교급을 이용한 주요 구문

1. 비교급 and 비교급 : 점점 더 ~ 한

ex) fatter and fatter : 점점 더 뚱뚱해지는

cuter and cuter : 점점 더 귀여워지는

★2. the ⊕ 비교급 (s v ~) , the ⊕ 비교급 (s v ~)

= As s v 비교급~, s v 비교급 ~

: ~하면 할수록, 점점 더 ~해지다

ex) The older Joy was, the smarter he got.

= As Joy was older, he got smarter.

(Joy는 나이가 들어감에 따라 점점 더 똑똑해졌다.)

3. as ~ as possible : 가능한 ~ 한
　　　　　=s can

ex) Joy got up as early as possible.
　　　　　　　　　　　(=he could)

(Joy 는 가능한 일찍 일어났다.)

★4. 비교급 강조 : 훨씬

$$\begin{bmatrix} \text{much} & \text{even} \\ \text{still} & \text{far} \\ \text{a lot} & \cancel{\text{very}} \end{bmatrix} \oplus 비교급$$

ex) I study much harder than you. (나는 너보다 훨씬 더 열심히 공부한다.)

I study very hard. (나는 매우 열심히 공부한다.)

Point.

1. The+비교급 ~,
   the+비교급 ~.

2. 비교급 강조

➡ 간단하지만
빈출표현이다.

3. as ~ as
possible에서
possible 대신에
S can으로 바꿔 쓸
경우, 동사의 시제
를 반드시 확인하
라.

동사의 시제가
과거이면, could를
써야한다는 점
명심...!

4. very는 원급을
강조하기 때문에,
절대로 비교급을
강조할 수 없다.

---

5. more than = over : ~이상

　　less than : ~이하

6. no more = not ~ any more : 양, 정도

　　no longer = not ~ any longer : 기간

　　　　　　　　　　: 더 이상 ~ 않다

ex) He's **no more** the young man who was energetic.

(그는 더 이상 정열적인 젊은이가 아니다.)

She will **no longer** meet Tom.

(그녀는 더 이상 Tom을 만나지 않을 것이다.)

7. **선택의문문** : 의문사 ~ 비교급 ~, A *or* B?

　　　　　　　; A와 B중 ~을 더 ~ 하니?

ex) Which do you like better, English or math?

 8. 몇 배

　　* 배수사 ~⊕　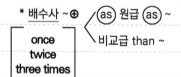 (as) 원급 (as) ~

　　　　　　　　　　비교급 than ~

```
┌─────────────┐
│ once        │
│ twice       │
│ three times │
└─────────────┘
```

ex) I have many books.

　→ I have twice more books than you.

　= I have twice as many books as you.

(나는 너보다 두 배 더 많은 책을 갖고 있다.)

 9. not so much A as B : A라기 보다는 B

ex) He is *not so much* my friend *as* my teacher.

(그는 나의 친구라기보다 나의 선생이다.)

※ 기타 비교급 표현들

1. no more than = 단지, ~일 뿐 (=only)

ex) There was space for no more than a car.

(겨우 차 한 대가 들어갈 공간 밖에 없었다.)

2. no less than = 자그마치, 무려 (=as much as)

ex) She had no less than 500 dollars.

(그녀는 무려 500달러를 가지고 있었다.)

3. not more than = 기껏해야 (=at most, =at best)

ex) I thought that he was not more than thirty years old.

(나는 그가 기껏해야 서른 살이라고 생각했다.)

4. not less than = 적어도 (= at least)

ex) The result was not less than he expected.

(적어도 그 결과는 그가 예상했던 것이었다.)

5. A is no more ~ than B is ~ : A가 ~아닌 것은 B가 ~아닌 것과 같다

ex) Kevin is no more a doctor than I am a teacher.

(Kevin이 의사가 아닌 것은 내가 선생이 아닌 것과 같다.)

6. nothing more than : ~에 불과한

ex) That is nothimg more than trash.

(저것은 단지 쓰레기일 뿐이다.)

7. not in the least : 결코 ~않는 (=never)

ex) He is not in the least a liar.

(그는 결코 거짓말쟁이가 아니다.)

* 어법 문제로는 거의 출제되지 않음.

독해 구문에 나올 때 주의해서 해석 하라.

8. the last ~ : 결코 ~할 것 같지 않는

ex) The last thing I wanted was to study math.

(내가 결코 하고 싶지 않았던 것은 수학 공부하는 것이었다.)

9. more or less : 다소

ex) The problem was more or less simple.

(그 문제는 다소 간단했다.)

10. make the [most / best] of : ~을 최대한 활용하다

ex) She made the most of the tool to repair her car.

(그녀는 차를 고치는데 그 도구를 최대한 활용했다.)

11. much more : 하물며(긍정문)

ex) The latter choice would be much more rational.

(후자의 선택이 하물며(훨씬) 합리적일 것이다.)

★ 12. one (of the 최상급 복수명사) + 단수동사

ex) **One** of the greatest artworks *is* Picasso's.

(가장 위대한 예술 작품들 중 하나는 Picasso의 것이다.)

13. 라틴어에서 유래한 비교급 : ~ to ⟨~~than~~⟩ (~보다)

① prefer A to B : A를 B보다 선호하다

② major A to B : A가 B보다 더 대다수의

③ minor A to B : A가 B보다 더 소수의

④ superior A to B : A가 B보다 더 우수한

⑤ inferior A to B : A가 B보다 더 열등한

⑥ junior A to B : A가 B보다 더 어린

⑦ senior A to B : A가 B보다 더 연장자의

ex) I *prefer* playing baseball *to* riding a bike. (나는 자전거 타는 것보다 야구하는 것을 선호한다.)

※ 최상급 표현

Note

1. the ~est(the most~)

2. A ~ 비교급 than any other 단수명사 ⭐

3. 부정 S ~ as 원급 as A

4. 부정 S ~ 비교급 than A

5. A ~ 비교급 than all the other ⊕ 복수명사

ex) Health is **the most** important thing in life.

Health is *more* important *than* │ any other thing ↓ =anything else │ in life.

Nothing is *as* important *as* health in life.

Nothing is *more* important *than* health in life.

Health is *more* important *than* all the other things in life.

(건강이 삶에서 가장 중요한 것이다.)

Point.

기출 유형:

1. 최상급 표현이 아닌 것 고르기 – 객관식

2. 주관식

3. 비교급 than any other 다음에 반드시 단수명사를 써야 한다. 복수명사가 오면 안 된다.

* Mini-Test

Note

1. 비교급의 종류와 형태와 뜻을 쓰시오.

2. 비교급 시험 유형과 문제 접근방법을 쓰시오.

3. 비교급 만드는 방법

4. 최상급 만드는 방법

Meta
Grammar

5. 비교급 주요 표현 1~5번까지 쓰시오.

6. 비교급 주요 표현 6~9번까지 쓰시오.

7. 라틴어에서 유래한 비교급과 뜻을 쓰시오.

16. 관계사 (Relative Pronoun)

학습내용

1. 관계대명사

1) 관계대명사의 종류

① 종류
② that의 특별용법
③ what의 쓰임
④ what/that의 구별

2) 관계사의 위치

3) 관계사의 용법

4) 관계사의 해석법

5) 생략

2. 관계부사

1) 관계부사의 종류

2) 관계부사와 선행사의 생략

3) 관계사 시험출제유형과 접근 방법

3. 복합관계사

1) 복합관계대명사의 종류

2) 복합관계부사의 종류

3) however의 시험 출제 유형

문법 개념 정리 : 관계사 (Relative Pronoun)

※ 관계사 (Relative Pronoun)

Note

1 관계대명사 : 접속사 ⊕ 대명사 (2개의 문장을 한 문장으로 연결할 때,

〈접속사〉

두 번째 문장에서 S or O or 소유격 중 하나 생략되어있는 경우에 쓰이는 표현)
〈대명사〉

〈 접속사+대명사의 역할을 하는 것으로, 관계대명사절 이하는 앞에 있는 선행사를

수식하는 형용사절의 역할을 한다.〉

2 관계부사 : 접속사 ⊕ 부사 (2개의 문장을 한 문장으로 연결할 때,

〈접속사〉

뒷 문장에서 장소 or 시간 or 이유 or 방법 중 하나가 생략되어있는 경우에 쓰이는 표현)
〈부사〉

〈 접속사+부사의 역할을 하는 것으로, 관계부사절 이하는 앞에 있는 선행사를 수식

하는 형용사절의 역할을 한다.〉

3 복합관계사 : 선행사를 포함한 관계사

┌ 복합관계대명사 : 관계 대명사 + ever

└ 복합관계부사 : 관계 부사 + ever

Ⅰ) 관계대명사 (Relative Pronoun)

★ 1) 종류

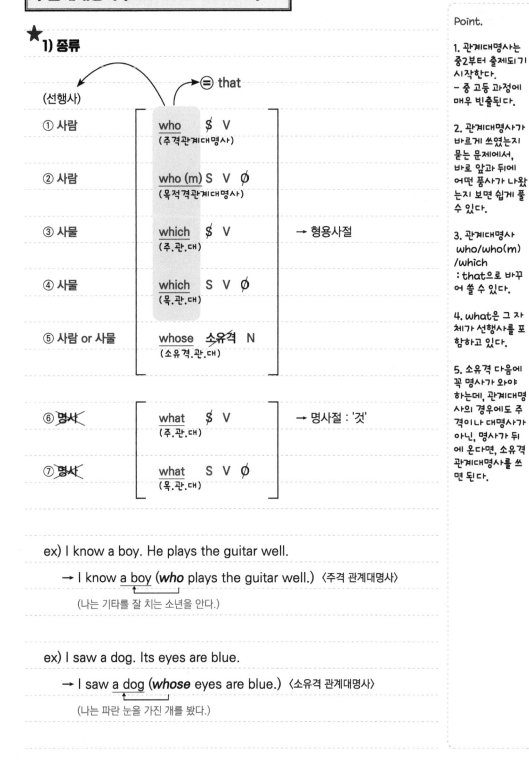

(선행사)   = that

① 사람   who   ∮ V
                (주격관계대명사)

② 사람   who (m) S V ∅
                (목적격관계대명사)

③ 사물   which ∮ V   → 형용사절
                (주.관.대)

④ 사물   which S V ∅
                (목.관.대)

⑤ 사람 or 사물   whose 소유격 N
                (소유격.관.대)

⑥ ~~명사~~   what   ∮ V   → 명사절 : '것'
                (주.관.대)

⑦ ~~명사~~   what   S V ∅
                (목.관.대)

ex) I know a boy. He plays the guitar well.

→ I know a boy (***who*** plays the guitar well.) 〈주격 관계대명사〉

(나는 기타를 잘 치는 소년을 안다.)

ex) I saw a dog. Its eyes are blue.

→ I saw a dog (***whose*** eyes are blue.) 〈소유격 관계대명사〉

(나는 파란 눈을 가진 개를 봤다.)

Meta Grammar

ex) The guitar is very expensive.

My boyfriend bought it for me. 〈목적격 관계대명사〉

→The guitar which my boyfriend bought for me is very expensive.

(내 남자친구가 나에게 사 준 그 기타는 너무 비싸다.)

★ ※ that의 특별용법 → 선행사를 확인하라!

① 사람 + 동물 (사물)

② all / no / every

③ -thing

④ the only / the very / the same　　➡ that

⑤ 최상급

⑥ 서수

ex) I saw the girl and her dog <u>that</u> were taking a walk in the park.

(나는 공원에서 산책하고 있는 소녀와 개를 보았다.)

★※ what의 쓰임

1.선행사를 포함

→ the thing which (that)

= what

ex) This is the thing.

I want to have it.

→ This is the thing (which / that) I want to have.

=what

⊜ This is what I want to have.

(이것은 내가 가지기를 원하는 것이다.)

2. what's more : 게다가

⊜
- futhermore
- moreover
- in addition
- additionally
- besides

Point.

중3부터 출제된다.
➡ 선행사가 없
다는 것이 문제풀
이 핵심.

3. what is called : 소위

$$\equiv \begin{bmatrix} \text{what you call} \\[2em] \text{what we call} \\[2em] \text{what they call} \\[2em] \text{so – called} \end{bmatrix}$$

4.
- what s have (has) : (가진 재산)
- what s be (인성 / 인품)

ex) I love him not because ***what he has*** but because ***what he is***.

(나는 그가 가진 재산 때문이 아니라, 인품 때문에 사랑한다.)

5. A is to B (what) C is to D : A와 B의 관계는 C와 D의 관계와 같다

ex) Sumi is to me (what) exercise is to the body.

(수미와 나와의 관계는, 운동과 몸에 대한 관계와 같다.)

※ that/what의 구별

1) N ((that)/ what) v ⎤ (주격관계대명사)

2) N ((that)/ what) s v (목적격관계대명사)

3) N̶ (that /(what)) v (주격관계대명사)

4) N̶ (that /(what)) s v ⎦ (목적격관계대명사)

5) N̶ ((that)/what) s v ~ (완문) ⎤ 〈명사절 접속사〉

6) N ((that)/what) s v ~ (완문) ⎦ 〈형용사절 : 동격의 접속사〉

7) N̶ (that /(what)) s be C̸ ➡ 보어를 필요로 하는 것은, 접속사가 아닌 의문대명사

ex) This is the book ((that)/ what) I want to read. (목적격관계대명사)

(이것은 내가 읽기를 원하는 책이다.)

ex) This book is (that /(what)) I want to read. (목적격관계대명사)

(이 책은 내가 읽기를 원하는 것이다.)

ex) The fact ((that)/ what) he passed the test is true. (동격의 접속사)

(그가 시험에 합격했다는 사실은 진짜다.)

ex) He asked me (that /(what)) the score was. (의문대명사)

(그는 내게 스코어가 어떻게 되는지 물어보았다.)

2) 관계사의 위치 ➡ 선행사 바로 뒤에 위치한다. ★

① S V N͡ (관계사 ~)

ex) Look at the cat. It is so cute.

→ Look at the cat [*which* / *that*] is so cute.

(너무 귀여운 그 고양이를 보아라.)

② S͡ (관계사 ~) V ~

ex) The boy is very kind and handsome.

　　She loves him.

→ The boy [(**who**(m) / **that**) she loves ∅] is very kind and handsome.

(그녀가 사랑하는 그 소년은 너무 친절하고 잘생겼다.)

★ 3) 관계사의 용법

1. 제한적 용법 : N͡ (관계사 ~)

2. 계속적 용법 : N, 관계대명사

　┌ ① 접속사 + 대명사로 바꿔 쓸 수 있다.
　│ ★② ~~that~~ , ~~what~~ 은 쓸 수 없다.
　│ ★③ 앞 문장 전체가 선행사인 경우 ⇒ , which
　└ ★④ 앞 문장 전체가 선행사인 경우의 수 일치 → 단수 취급

ex) I have two daughters [*who* are very pretty] (딸이 두 명 이상)

ex) I have two daughters, *who* are very pretty (딸이 두 명)

= and they

ex) I study very hard, *which* makes my parents happy.

(나는 매우 열심히 공부한다, 이것은 나의 부모님을 행복하게 만든다.)

Point.

중3부터 출제된다.

1. 계속적 용법에서는 절대로 that을 쓸 수 없다.

2. 계속적 용법에서 앞 문장 전체가 선행사인 경우, 반드시 which를 쓴다.
→ 수일치는 반드시 단수취급.
➡ 빈출 표현.

3. 관계부사도 용법 동일하다.
(시험은 관계대명사가 출제된다.)

4) , : 해석법

① , who V : 이 사람(들)은   ② , whom S V : 이 사람(들)을

③ , which V : 이것(들)은   ④ , which S V : 이것(들)을

⑤ , where : 이곳에는   ⑥ , when : 이때는

※ 기타 해석법 : ~ ,

① , ~ing : ~하면서   ② , p.p : ~되어서

③ , though : 그러나   ④ , as well as : 또한

★ 5) 생략

1. 목·관·대 : N (that S V ∅) V

ex) The book (that / which I bought yesterday) was very interesting.

(내가 어제 산 책은 매우 흥미로웠다.)

2. (주·관·대 + be)

N   (that be) ┬ ~ing
              │ p.p
              │ 형용사
              └ 전치사

ex) The man (that / who was) [standing in front of the door]

looked gentle.

(문 앞에 서 있는 그 남자는 온화해 보였다.)

Point.

중2부터 출제된다.
N that S V ∅

→ 이 구문은
목적격관계대명
사이므로 생략
가능하다.

Point.

앞에 명사, 뒤에
~ing / p.p / 형
용사 / 전치사가
이어진다면
그 사이에 주격관
계대명사 ⊕ be
동사가 생략된 구
문이다.

➡ ~ing / p.p
의 쓰임이 바른지
묻는 문제가 출제
되기도 한다.

Meta Grammar

II) 관계부사 (Relative adverb) : 접속사 + 부사

= 전치사 ⊕ 관계대명사

1) 종류

① 장소	the place the city ⊕ ⋮	where	⊕ S V 장소부사
② 시 간	the time the month ⊕ ⋮	when	⊕ S V 시간부사
③ 이 유	(the reason) ⊕	why	⊕ S V 이유부사
④ 방 법	(the way) ⊕	how	⊕ S V 방법부사

➡ the way how s v (x)

: 절대로 함께 쓸 수 없다. 반드시, 둘 중 하나만 써야한다.

ex) This is the house.

This is the house.

I have lived in the house since 2001.

Point.

접속사 that은 in 과 함께 쓸 수 있다.
➡in that〈접속사〉
: ~라는 점에서

→ This is the house 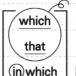 (목적격관계대명사)
which / that / in which

I have lived in Ø since 2001

I have lived in since 2001.

→ which 앞으로 이동 가능

고등부에서 출제
(뒷 문장이 완문인
지, S 또는 O가 생
략되었는지 확인)

→ This is the house ~~in that~~ ★ 〈관계대명사 that은 전치사와 절대로 나란히 쓸 수 없다.〉

where ┐ I have lived in since 2001. → 관계부사
that ┘

→ 생략되었다면
관계대명사이므
로 that을 쓸 수
없다.

(이것은 내가 2001년 이후로 살아온 집이다.)

2) 관계부사와 선행사의 생략

the	place	(where)	→ the place 생략 가능
the	time	when	→ 둘 중 하나 생략 가능
the	reason	why	
the	way	how	→ 둘 중 하나만 가능

ex) This is **where** he met his son.

(이곳은 그가 그의 아들을 만난 곳이다.)

ex) This is **the reason** I hope to meet Jane.

(이것은 내가 Jane을 만나고 싶은 이유이다.)

ex) This is **why** I hope to meet Jane.

ex) This is **the reason why** I hope to meet Jane.

ex) This is the way I solved the difficult problem.

This is how I solved the difficult problem.

(이것은 내가 그 어려운 문제를 풀던 방식이다.)

주의) This is the way $\left(\dfrac{\text{that}}{= \text{in which}} \right)$ I solved the difficult problem. (O)

↗ (관계부사)

➡ 두 문장을 분리하면,

This is the way. ⊕ I solved the difficult problem (in) the way.

※ 관계사 시험 출제 유형과 접근 방법

1. 관계대명사 or 관계부사의 종류가 올바르게 쓰였는가?

➡ 관계사 종류 파트에서 다룬 것처럼, 앞과 뒤에 나온 품사 확인

2. 관계대명사 vs ⌈ 관계부사   ⌉ → 둘 중 선택?
              ⌊ 전치사 ⊕ 관계대명사 ⌋

➡ 뒷 문장에서, S or O 둘 중 하나가 생략되어 있는지 확인해보라

⌈ * S or O 둘 중 하나가 생략되었다면, 관계대명사가 정답.
⌊ * 필수성분이 그대로 있다면, **관계부사(전치사 ⊕ 관계대명사)**가 정답.

ex) ① She has a friend ((who)/ where) is very friendly.

(그녀는 매우 다정한 친구가 있다.) (주어 생략)

② This is the town (which /(where)) they met.

(이곳은 그들이 만난 도시이다.) (부사 생략)

③ She is a doctor ((whom)/ where) I have met before.

(그녀는 전에 내가 만난 적이 있는 의사이다.) (목적어 생략)

④ This is the house (which /(in which)) he lived.

(이곳은 그가 살았던 집이다.) (in의 목적어 생략)

Point.

① 의 경우,
뒤에 S가 생략
되었으므로 관계
대명사가 정답

②③ meet는
자동사와 타동사
로 쓰이는데, 자동
사라면 목적어가
필요 없으므로
관계부사가 필요.
but, 타동사로 쓰
이는 경우에 목적
어가 없다면
관계대명사가
필요하다.

➡ 선행사를
meet 뒤에 넣어
보면 쉽게 알 수
있다.
이 예문의 경우,
'마을을 만나다'
가 아닌 '마을에
서 만나다'. 이므
로, 관계부사가
필요하다.

⊕ live는 자동사
이므로 관계부사
가 오면 된다.

3. 관계대명사의 계속적 용법

　① that을 쓸 수 없다는 것

　② 앞 문장 전체가 선행사인 경우 → which를 써야 한다는 것과 (수일치)☆

4. 주격관계대명사의 수일치

→☆ __선행사의 수를 확인하라__

　ex) She has **three books** which **are** very interesting.

　　(그녀는 매우 흥미로운 3권의 책을 갖고 있다.)

　ex) I have **a book** which **is** very boring.

　　(나는 매우 지루한 책이 있다.)

Ⅲ) 복합관계대명사 = 관계대명사 + ever : 선행사를 포함한 관계대명사

종류	양보의 부사절	명사절
whoever	= no matter who (누가 ~해도)	= anyone who (~하는 사람은 누구든지)
whomever	= no matter whom (누구를 ~해도)	= anyone whom (~하는 사람은 누구든지)
whichever	= no matter which (어느 것을(이) ~해도)	= anything that (~하는 것은 어느 것이나)
whatever	= no matter what (무엇을 ~해도)	= anything that (~하는 것은 무엇이든지)

Point.

명사절은 S, O, C
자리에 온 경우이다.

ex) [What / Whatever she says], I will believe her : 양보의 부사절
                    s   v   s   v   o

(그녀가 무엇을 말하든지, 나는 그녀를 믿을 거야.)

〈 → what : 명사절이므로, 부사절 자리에 올 수 없다 〉

(그녀가 무슨 말을 하더라도, 나는 그녀를 믿을 것이다.)

ex) [Who / Whoever comes first] will be welcomed. : 명사절
                   v   v

〈 선행사가 없으므로, 관계대명사 who는 쓸 수 없고, 복합관계대명사가 옳은 표현이다〉

(먼저 오는 사람은 누구든지 환영받을 것이다.)

Point.

* 추가설명

what과
whatever의 경
우는, 선행사가 없
는 것이 공통점이
기에 헷갈릴 수
있다.

하지만,
what절은 명사
절로만 쓰이는데,
이 예문의 경우
는 부사절이므로,
what은 쓸 수 없다.

Ⅳ) 복합관계부사 = 관계부사 + ever : 선행사가 생략된 관계부사

종류	양보의 부사절	시간/장소의 부사절
wherever	= no matter where (어디서 ~해도)	= at any place where (~하는 곳이 어디든지)
whenever	= no matter when (언제 ~해도)	= at any time when (~할 때는 언제든지)
however	= no matter how (아무리 ~해도)	

ex) ***Wherever*** you go, I will follow you.

(네가 어디를 가든지, 나는 너를 따를 것이다.)

ex) ***Whenever*** I visit him, he plays the piano.

(내가 그를 방문할 때마다 그는 피아노를 친다.)

ex) ***However*** strong you are, you mustn't fight with Seyong.

(네가 아무리 강하다고 하더라도, 너는 세영이와 싸워서는 안된다.)

★
※ 복합관계대명사와 복합관계부사 풀이법

 말이 복잡해 보이지만, (복합)관계대명사이든, (복합)관계부사이든

품사 자체가 다르므로, 대명사가 필요한 구문인지, 부사가 필요한

구문인지만 확인하면 된다.

★
즉, 뒷 부분이 S or O가 생략되어 있는지, 아닌지만 확인하면 된다.

(부사가 생략된 경우는, 필수 성분이 그대로 있다.)

⭐ *how(ever) : 아무리 ~해도 ➡ 시험 출제 유형

1.어순 : how(ever) (형용사 / 부사) S V ~

→ 형용사 / 부사의 위치가 중요하다. ➡ 꼭, how(ever) 바로 뒤

2. how(ever) 형용사 / 부사 S V ~

> ? = 동사의 종류를 봐라!

① 2형식 동사 → 형용사 : (보어자리)

ex) However (⟨angry⟩ / angrily) he was,

he didn't say a word about that.

(아무리 그가 화가 났다 하더라도, 그것에 대해 한마디도 하지 않았다.)

② 동사 수식 → 부사

ex) However *hard* I studied, I couldn't pass the test.

(아무리 열심히 공부했다 하더라도, 나는 그 시험에 합격할 수가 없었다.)

3. however ~ing /P.P S V

① s와 c의 관계가 능동 =〉 현재분사

ex) However *shocking* the news was, people weren't confused.

└─ 능동 ─┘

(아무리 그 뉴스가 충격적이라고 하더라도, 사람들은 혼란스러워하지 않았다.)

② s와 c의 관계가 수동 =〉 과거분사

ex) However *shocked* people were, they did their best to finish the work.

└─ 수동 ─┘

(사람들이 아무리 충격을 받았다하더라도, 그들은 그 일을 끝내기 위해 최선을 다했다.)

Point.

how(ever)의 경우, 3가지 정도의 유형으로 어법이 기출 된다.

〈2형식 동사〉
① 감각동사 ⊕ 형용사
② lie, stay, stand, remain, keep ⊕ 형용사
③ get, grow, become, run, turn fall, come, go ⊕ 형용사
④ appear, seem ⊕ 형용사

point.

2형식 동사는 보어를 필요로 하므로, 제외할 요소인 부사가 아니라, 형용사가 와야 한다.

그러나, 동사 수식인 경우는 부사가 와야한다.

* Mini-Test

1. 관계대명사 / 관계부사 / 복합관계사의 정의를 쓰시오.

2. 관계대명사의 공식을 쓰시오. (종류)

3. 관계 대명사 that의 특별 용법을 쓰시오.

4. that/what의 구별 방법을 쓰시오.

5. 관계대명사의 용법 / 생략에 대해 서술하시오.

6. 관계부사의 종류를 쓰시오.

7. 관계부사와 선행사의 생략에 대해 쓰시오.

8. 복합관계대명사의 종류에 대해 서술하시오.

9. however 시험 출제 유형 3가지와 풀이 접근 방법을 서술하시오.

17. 가정법 (Subjuntive Mood)

문법 개념 정리 : 가정법 (Subjunctive Mood)

※ 가정법 : 사실의 반대

1) 종류

— 1. If 가정법 : 만약~라면

— 2. I wish 가정법 : ~라면 좋을텐데

— 3. ~ as if 가정법 : 마치 ~인 것처럼

2) 시제
★ ① If 가정법

If s v	s v	비고
★1. 현재 : If S 동사의 현재형★~ , **(때나 조건을 나타내는 부사절에서는 현재시제가 미래시제를 대신한다)** ex) If it rains(~~will rain~~) tomorrow, (만약 내일 비가 온다면,	S ⊕ 조동사의현재형 ⊕ $\sqrt{v}$ ~ . I won't go swimming. 나는 수영하러 가지 않을 거야.)	조건절이라고 한다

2. 미래 : If S ⌈ should $\sqrt{v}$ ⌉ ~ ,
         ⌊ were to $\sqrt{v}$ ⌋
 	
ex) If the sun were to rise in the west,
   (만약 해가 서쪽에서 뜬다면,
	S ⊕ 조동사 ⊕ $\sqrt{v}$ ~ .
	
	I would marry you.
	나는 너랑 결혼할게.)
		현재 or 미래의
		실현 불가능한일

★3. 과거 : If S ⌈ 동사의 과거형 ⌉ ~ ,
         ⌊   were   ⌋
 	
ex) If I had many books,
직설법 → As I don't have many books,
   (만약 많은 책이 있다면,
	S ⊕ 조동사의 과거형 ⊕ $\sqrt{v}$ ~ .
	
	I could lend them to you.
	I can't lend them to you.
	나는 그것들을 너에게 빌려줄 수 있을텐데.)
		현재 사실의
		반대

★4. 과거완료 : If S had p.p. ~ , ex) If she had had much money, 직설법 →As she didn't have much money, (만약 그녀가 많은 돈을 가지고 있었더라면,	S ⊕ 조동사의 과거형 ⊕ have p.p. ~ . she would have helped the poor. she didn't help the poor. 그녀는 가난한 사람들을 도와주었을텐데.)	과거 사실의 반대
★5. 혼합가정법 : If S had p.p. ~ , ex) If I had studied hard, 직설법 → As I didn't study hard (만약 내가 열심히 공부했더라면,	S ⊕ 조동사의 과거형 ⊕ $\sqrt{v}$ ~ (now). I could pass the test today. I can't pass the test today. 내가 오늘 시험 합격할 수 있을텐데.)	과거의 일이 현재에 영향을 미칠 때

Point.

1. 가정법 과거와 과거완료의 시제를 묻는 문제로 기출 된다.

   중학교 3학년 때부터 고등 내신과 수능 어법에 출제되고 있다.

2. 가정법 현재의 경우는 중2 과정부터 출제되고 있다.

3. 혼합가정법의 경우,

   If절의 시제가 had p.p 이기에 주절의 시제를

   조동사의 과거형 ⊕ have p.p를 써야한다고

   착각하기 쉽지만, 보통 끝에 now나 today가 있다면,

   혼합가정법으로, 반드시 조동사의 과거형 ⊕ $\sqrt{V}$ 을 써야한다.

4. If 가정법의 직설법 만드는 방법

   ex) ① If she helped me, I could finish the work.

   직설법 → As she doesn't help me, I can't finish the work.

   (만약 그녀가 나를 도와준다면, 나는 그 일을 끝낼 수 있을 텐데.)

   〈직설법 만드는 방법 풀이〉

   ⓐ If 접속사는 as를 쓰거나, 뒷 문장 앞에 so를 쓸 수 있다.(~, so S V)
        (원인과 결과)

   ⓑ 동사의 시제가 과거형이 온 것으로 보아, 가정법 과거이므로,

      현재시제로 전환하면 된다.

   ⓒ 긍정문이면, 부정문으로, 부정문이면, 긍정문으로 전환한다.

      이 예문의 경우는 긍정문이므로, 부정문으로 전환한다.

      would는, 생략하고, 동사를 부정형으로 만들면 되고,

point.

가정법 과거에서 be동사가 올 경우, 원칙적으로 was 가 아닌 were을 쓴다.

point.

if 가정법에서 현재시제는 가정법이 아니다. (조건절)

could의 경우는, '-할 수 있다'라는 의미가 필요하기에 can을 부정하여

can't를 쓴다.

② If he hadn't got up late, he would have caught the train.

직설법→ As he got up late, he didn't catch the train.

〈직설법 만드는 풀이〉

ⓐ 동사의 시제가 과거완료이므로, 과거시제로 전환한다.

ⓑ if절의 동사가 부정문이므로, 긍정의 got up,

주절의 경우는 긍정문이므로, caught 일반 동사를 부정하여

didn't catch를 쓰면 된다.

② I wish 가정법

1. 가정법 과거	I wish S [were / 동사의 과거형~]	→ 주절의 시제와 같을 때
2. 가정법 과거완료	I wish S had p.p. ~	→ 주절의 시제보다 한 시제 이전일 때

※ <u>I wish 가정법의 직설법</u> → I am sorry (that) S V ~

〈~해서 유감이다.〉

ex) ⓐ I wish I **were** a good writer.

→ I <u>am</u> sorry I **am** not a good writer.
  　(현재)　　　(현재)

(내가 훌륭한 작가가 아니어서 유감이다.)

ⓑ I wish I **hadn't gone** there.

→ I <u>am</u> sorry I **went** there.
  　(현재)　　(과거)

(내가 거기 간 것이 유감이다.)

point.

1. I wish 가정법과 as if 가정법의 경우는 if 가정법과 달리, 주절의 동사 시제를 보고 시제를 결정한다.

왜냐하면, 동사의 과거형인 wished가 오는 경우도 있기 때문이다.

하지만, wished 보다는 wish 현재형으로 기출되는 편이다.

*직설법으로 고칠 때는 일단 시제 확인 후,
→ 긍정이면 부정/ 부정이면 긍정으로 고치면 된다.

③ ~as if 가정법

1. 가정법 과거	~ as if S 동사의 과거형~ [were] ↑ 가정법이 아니다	→ 주절의 시제와 같을 때
2. 가정법 과거완료	~ as if S had p.p. ~	→ 주절의 시제보다 한 시제 이전일 때

※ ~as if 가정법 직설법 → In fact, ~

① She acts as if she *were* his wife. (그녀는 그의 아내인 것처럼 행동한다.)

　→ In fact, she *isn't* his wife. (사실, 그녀는 그의 아내가 아니다.)

　〈주절의 시제가 acts : 현재 시제이므로 isn't를 쓴다.〉

② She acted as if she *were* his wife. (그녀는 그의 아내인 것처럼 행동했다.)

　→ In fact, she *wasn't* his wife. (사실, 그녀는 그의 아내가 아니었다.)

　〈주절의 시제가 과거이므로, wasn't〉

③ She speaks as if she *had been* a doctor. (그녀는 마치 의사였던 것처럼 말한다.)

　→ In fact, she *wasn't/hasn't been* a doctor. (사실, 그녀는 의사가 아니었다.)

　　〈과거완료는 주절의 시제보다 한 시제 이전 : speaks가 현재이므로,

　　　　　　　　과거 or 현재 완료가 올 수 있다. : 뜻은 차이가 있다.〉

④ She spoke as if she *had been* a pilot. (그녀는 마치 파일럿이었던 것처럼 말했다.)

　→ In fact, she *hadn't been* a pilot. (사실, 그녀는 파일럿이 아니었다.)

　　〈주절의 시제 spoke(과거)보다 한 시제 이전이므로, 과거완료를 쓴다.〉

3) If 의 생략 ➡ 도치

: S V ~ , S V ~ 〈접속사가 없으므로, 잘못된 문장〉

→ V S ~ , S V ~ (O)

ex) S should $\sqrt{\sqrt{V}}$ ~ , S V ~ (x) : (접속사가 없으므로 틀린 문장)

Should S $\sqrt{\sqrt{V}}$ ~ , S V ~ (=If S V ~, S V ~) (O)

※ if 생략의 대표적 표현

~이 없다면 (가정법과거)	~이 없었다면(가정법과거완료)
If it were not for	If it had not been for
Were it not for	Had it not been for
But for	But for
Without ~ , S 조.과 ⊕ $\sqrt{V}$	Without ~ , S 조.과 ⊕ have p.p. ~

ex) ***If it were not for*** your help, I ***couldn't finish*** the project.

(너의 도움이 없다면, 나는 그 프로젝트를 끝낼 수 없을텐데.)

If it had not been for your help, I ***couldn't have finished*** the project.

(너의 도움이 없었다면, 나는 그 프로젝트를 끝낼 수 없었을텐데.)

4) if의 대용어구

① suppose   (that~)
   supposing

② provided   (that~)
   providing

ex) Provided S V ~ , S V ~
   (접속사)

ex) ***Suppose(Supposing/Providing/Provided)*** you won a lottery,

what would you do ?

(네가 복권을 당첨된다면, 너는 무엇을 할거니?)

point.

But for 나 without의 경우, 가정법 과거인지, 확인할 수 있는 방법은 바로, 주절의 동사시제를 보면 된다.

조동사의 과거형 ⊕ $\sqrt{\sqrt{V}}$

조동사의 과거형 ⊕ have p.p.

이 둘 중에서 어느 것인지 확인하면 된다.

③ to √V : ex) <u>To finish</u> the work, I must stay up tonight.

(그 일을 끝내려면, 나는 오늘 밤 자지 않고, 깨어 있어야한다.)

④ 분사구문 : ex) <u>Seen</u> in a distance, it looks like a lion.

(멀리서 보면, 그것은 사자처럼 보인다.)

5) ~할 때다 : It's time to √V ~

〈형용사적 용법〉

≡ ⌈ It's time for 목적격 to √V ~ (단문)
  └ It's time that ——— S ⌈ were ⌉ ~ : 가정법과거취급 (복문)
                          └ 동사의 과거형~ ┘

                    S should √V ~

ex) It's time for you to study hard.

= It's time that you ⌈ <u>studied</u> ⌉ hard.
                     └ should study ┘

(네가 열심히 공부해야 할 때이다.)

★ 6) S V that S (should) √V ~

↳ ★ 단, 아직 발생하지 않은 일에 대해서만 적용.

* 이미 발생한 일에 대해서는 시제의 일치에 맞게 써야한다

⌈ ① 충고하다 : advise   ④ 제안하다 : suggest, propose ⌉

  ② 주장하다 : insist   ⑤ 요구하다 : ask, demand

└ ③ 명령하다 : order, command ⑥ 추천하다 : recommend ┘

Point.

형태가 과거인
데, 현재로 해석
되는 경우는 가정
법 과거 밖에 없다.

→그래서 과거형
을쓴다는 것을
유의.

point.

*빈출문제 :
that절 이하의
동사의 형태를
주의해야한다.

Meta Grammar

ex) Jane insisted that she (should) **go** there.

(Jane은 그녀가 거기에 가야한다고 주장했다.)

〈주의〉

They insisted that the accident **had taken place** in the crosswalk.

〈이미 발생한 일 : 시제 일치에 맞게〉

(그들은 그 사고가 건널목에서 발생했다고 주장했다.)

7) It is 형용사 that S (should) √V

〈말하는 사람의 주관적 판단을 나타내는 형용사〉

⬇

```
┌ important    desirable    natural ┐
│                                    │
│ necessary    vital    essential    │
│                                    │
└ right                              ┘
```

ex) It is natural that she **be** angry.

(그녀가 화나는 것은 당연하다.)

8) It is ┌ 형용사 ┐ that S should √V ： should를 생략하지 않는다.
         └ 명사 ┘

⬇

```
┌ strange      surprising    wonderful ┐
│                                        │
│ regrettable    a pity                  │
│ (유감스러운)                            │
└                                        ┘
```

ex) It is strange that he **should like** the movie.

(그가 그 영화를 좋아한다니 이상하다.)

Point.

수능기출 활용:

사고가 이미 발생한 일이기 때문에, 동사가 insisted 하더라도, should √V 이 아니라, 한 시제 이전인 과거완료를 써야한다.

* Mini-Test

1. If 가정법 현재와 미래의 형태를 쓰시오.

2. If 가정법 과거와 과거완료, 혼합 가정법의 형태를 쓰시오.

3. I wish 가정법 과거와 과거 완료에 대해 구체적으로 서술하시오.

4. as if 가정법 과거와 과거 완료에 대해 구체적으로 서술하시오.

5. If 의 대용어구를 쓰시오.

Meta
Grammar

6. '~할 시간이다'표현을 쓰시오.

7. '~이 없다면 / ~이 없었다면 '표현을 쓰시오.

8. S V that S (should) $\sqrt{v}$ ~ : 동사의 종류를 쓰고, should $\sqrt{v}$ 을 써야하는 경우는 언제인가?

9. It is 형용사 that S (should) $\sqrt{v}$: 형용사의 종류를 쓰시오.

10. It is 형용사/명사 that S should $\sqrt{v}$: 형용사와 명사의 종류를 쓰시오.

18. 접속사 (Conjunction)

문법 개념 정리 : 접속사 (Conjunction)

※ 접속사

Note

┌─ ① 단어와 단어
├─ ② 구와 구
└─ ③ 절과 절을 연결해주는 품사

1) 접속사의 종류

1. 등위 접속사 : and, but, or, so, for, yet
   (왜냐하면)

2. 종속접속사 : 등위 접속사를 제외한 나머지 접속사

2) 등위접속사를 이용한 표현

1. 명령문 ~, (and)~ : ~해라, 그러면

   = If you V ~, S V ~.

ex) Buy me a book, and I will be happy.

   (나에게 책을 사줘, 그러면 나는 행복할 거야.)

   =(If) you buy me a book, I will be happy.

   (만약 네가 내게 책을 사준다면, 나는 행복할 거야.)

Point.

중학교에서는 as
의 용법이나,
기타 다른 접속사
가 문맥에 맞게
잘 사용되었는지
출제된다.

중학교에서는
접속사의 용어 자
체가 중요한 것은
아니다.
그러나, 수능 어법
에서는 접속사
존재 그 자체가
매우 중요해진다.

관계대명사VS대명사
분사구문VS동사

→ 이런 문제는
접속사가 있는
구문인지 없는
구문인지 확인만
하면 된다.

접속사가 없다면,
접속사를 포함하
고 있는 관계대명
사/분사구문이 정
답이다.

2. 명령문 ~,(or)~ : ~해라, 그렇지 않으면

=(If) you ~(not)~, S V ~

=(Unless) you ~, S V ~.

ex) Get up early, **or** you will miss the first bus.

= **If** you **don't** get up early, you will ~.

(일찍 일어나라, 그렇지 않으면 첫 버스를 놓칠 거야.)

= **Unless** you get up early, you will ~.

(만약 일찍 일어나지 않는다면, 너는 ~.)

★ 3. 상관접속사

① **both** A(and) B : A와 B 둘 다

② **either** A(or) B : A와 B 둘 중의 하나

③ **neither** A (nor) B : A와 B 둘 다 아닌

④ **not** A(but) B : A가 아니라 B

⑤ ┌ **not only** A (but) (also) B : A뿐만 아니라 B도
   └ **B as well as A**

⑥ **not because** A(but) because B : A 때문이 아니라 B 때문에

⑦ **between** A (and) B : A와 B 사이에

Point.

1. 명령문 ~, and ~

2. 명령문 ~, or ~
➡ and / or 의 사용이 적절한지 출제됨.

3. unless
➡ 고등부 내신에서 출제되고 있다.

★★
※ 시험 출제 유형

─ 1. 상관접속사가 올바르게 사용되었는가?

─ 2. A와 B 품사가 동일한가?

ex) I am not only *sleepy* but also *hungry*.
(보어자리: 형용사)　　　(형용사)

(나는 졸릴 뿐만 아니라, 배도 고프다.)

─ 3. ①~⑤ 번까지 표현에서, A, B의 품사가 명사류 일 때

→ 주어자리인 경우의 (수일치)

➡ ⓐ both A and B는 무조건 복수취급

ⓑ 나머지는 모두 B가 주어가 된다.

ex) ① Both Sally (and) William *like* to play the piano.

(Sally와 William 둘 다 피아노 치는 것을 좋아해.)

② Either Sally (or) you *like* to play the piano.

(Sally와 너 둘 중 한 명은 피아노 치는 것을 좋아해.)

③ Neither you (nor) Sally *likes* to play the piano.

(너와 Sally 둘 다 피아노 치는 것을 좋아하지 않아.)

④ Not only Noah but also my brothers *play* soccer on weekends.

My brothers as well as Noah *play* soccer on weekends.

(노아뿐만 아니라, 나의 형들은 주말마다 축구한다.)

⑤ Not Oliver but I *don't* meet them.

(Oliver가 아니라 내가 그들을 만나지 않는다.)

3) 종속접속사의 종류

1. so, because

① 원인 ~, so 결과

ex) I was very sick yesterday, *so* I couldn't go to school.

(나는 어제 매우 아팠다, 그래서 나는 학교에 갈 수 없었다.)

② 결과 ~, because 원인

ex) I couldn't go to school, *because* I was very sick yesterday.

(나는 학교에 갈 수 없었다, 왜냐하면 나는 어제 매우 아팠기 때문이다.)

★★
2. 이유를 나타내는 접속사(~ 때문에)

〈+구 : 명사류〉	〈+절 : S V〉
because of	because
due to	since
owing to	as
on account of	now(that)
thanks to : ~ 덕택에	, for : 왜냐하면

ex) I could make a wise decision ┌ *because* you helped me.
                                  └ *because of* your help.

(나는 네가 나를 도와주었기 때문에 현명한 결정을 할 수 있었다.)

(너의 도움 때문에, 나는 현명한 결정을 할 수 있었다.)

Point.

because와 because of를 묻는 문제가 많이 출제되었다.

=> 뒤에 나오는 품사를 보고 결정

① because는 접속사이므로, S V

② because of 는 전치사이므로, 명사류가 온다.

Meta Grammar

3. 양보를 나타내는 접속사

〈+구 : 명사류〉: ~에도 불구하고	〈+절 : s v〉: 비록 ~일지라도
in spite of	though
despite ★	although
in the face of	even though
with all	even if (⊕ 가정)
for all	

ex) **Despite** his effort, he failed to win the first prize.

(그의 노력에도 불구하고, 1등상을 타는 것에 실패했다.)

Though he made an effort, he failed to win the first prize.

(비록 그가 노력을 했다고 하더라도, 1등상을 타는 것에 실패했다.)

4. ┌ in addition (that) S V

   └ in addition to ⊕ 명사류 : −이외에도

ex) In addtion that my father is diligent, he is very gentle.

(아버지는 부지런한 것 이외에도, 매우 온화하시다.)

ex) In addition to (being)★ diligent, my father is gentle.

(부지런한 것 이외에도, 우리 아버지는 온화하시다.)

point.

뒤에 명사류가 있는지, S V 가 있는지 확인하면 된다.

point.

to가 전치사이므로, 동사가 오는 경우, 반드시 명사 역할을 하는 동명사를 써야 한다.

5. 조건을 나타내는 접속사

① if

★
┌ ⓐ 부사절 : 만약 ~라면

　　ex) If it doesn't rain tomorrow, we will go on a picnic.
　　　　　~~won't rain~~

　　　　(만약 내일 비가 오지 않는다면, 우리는 소풍을 갈거야.)

└ ⓑ 명사절 : ~인지 아닌지를

　　ex) I wonder if Lucas will win the gold medal.

　　　　(나는 Lucas가 금메달을 딸 것인지 궁금해.)

★
② unless = if ~ not : 만약 ~ 않는다면

　　Unless S ~ ~~not~~ , S V ~ .

　　↳ Unless가 있는 문장에 not이 있으면 안 되는 문제로 출제되기도 함.

　　ex) Unless he smokes, he will be healthier.
　　　　　~~will smoke~~

　　　　(만약 그가 담배를 피지 않는다면, 더 건강해질 것이다.)

Point.

1. 때나 조건을 나타내는 부사절에서는 반드시 현재시제가 미래시제를 대신한다.

2. 명사절인지 부사절인지 구별하는 문제 기출
: 'if의 쓰임이 다른 하나를 고르시오'로 출제된다.

➡

① if가 맨 앞이나, 타동사가 아닌 품사 뒤에 올 경우: 부사절

② 타동사 ⊕ if (~인지 아닌지를)
: 목적어 자리이므로 명사절

3. 주절의 동사가 ask, wonder 등 불확실한 내용이 올 경우, if를 써야 한다.
확실한 개념이 이어지는 that을 절대로 쓰면 안 된다.

Meta
Grammar

③ as long as : ~하는 한

ex) **As long as** Mason keeps his promise, I will trust him.

(Mason이 약속을 지키는 한, 나는 그를 신뢰할 것이다.)

★
④ in case (that) ⊕ S ⊕ V : ~인 경우에(대비하여)

〈 in case of ⊕ 명사류 〉

ex) In case (that) it rains, take an umbrella.
~~will rain~~

(비가 올 경우를 대비해서 우산을 가져가라.) (※주의, In case of rain)

⑤ once : 일단 ~ 하면

ex) **Once** you wash my car, I will buy you a wonderful dinner.
~~will wash~~

(일단, 네가 세차해주면, 내가 멋진 저녁을 사줄 거야.)

Note

Point.

in case ┌ that
        └ of

=〉고1 내신으로 출
제 : 뒤에 나오는
품사보결정

→ that ⊕ S V

→ of ⊕ 명사류

6. 시간을 나타내는 접속사

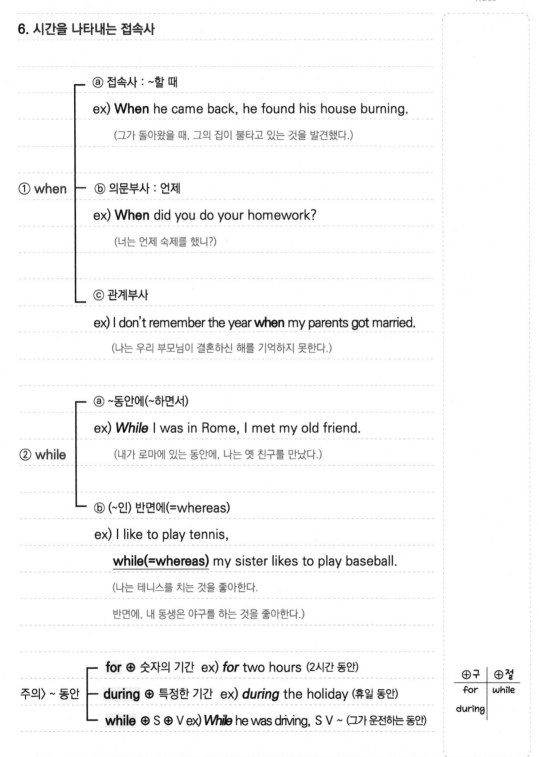

ⓐ 접속사 : ~할 때

ex) **When** he came back, he found his house burning.

(그가 돌아왔을 때, 그의 집이 불타고 있는 것을 발견했다.)

① when

ⓑ 의문부사 : 언제

ex) **When** did you do your homework?

(너는 언제 숙제를 했니?)

ⓒ 관계부사

ex) I don't remember the year **when** my parents got married.

(나는 우리 부모님이 결혼하신 해를 기억하지 못한다.)

ⓐ ~동안에(~하면서)

ex) *While* I was in Rome, I met my old friend.

(내가 로마에 있는 동안에, 나는 옛 친구를 만났다.)

② while

ⓑ (~인) 반면에(=whereas)

ex) I like to play tennis,

while(=whereas) my sister likes to play baseball.

(나는 테니스를 치는 것을 좋아한다.

반면에, 내 동생은 야구를 하는 것을 좋아한다.)

주의〉 ~ 동안

for ⊕ 숫자의 기간 ex) *for* two hours (2시간 동안)

during ⊕ 특정한 기간 ex) *during* the holiday (휴일 동안)

while ⊕ S ⊕ V ex) *While* he was driving, S V ~ (그가 운전하는 동안)

⊕구	⊕절
for	while
during	

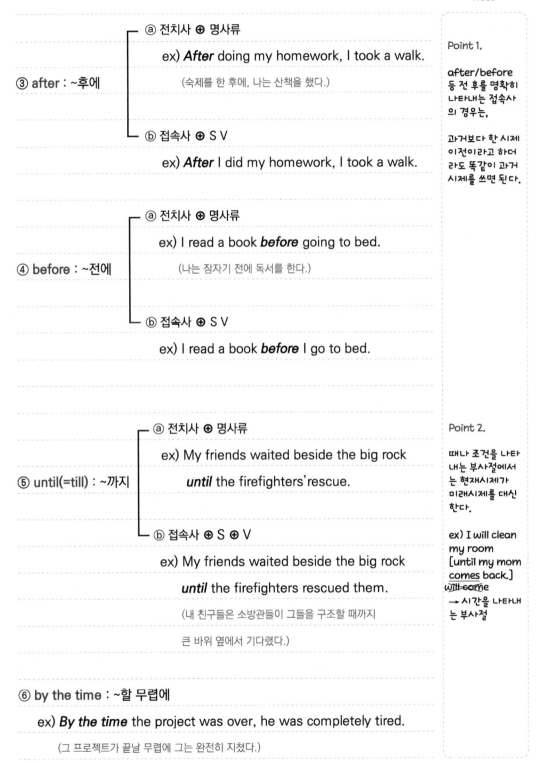

③ after : ~후에

  ⓐ 전치사 ⊕ 명사류

   ex) **After** doing my homework, I took a walk.

    (숙제를 한 후에, 나는 산책을 했다.)

  ⓑ 접속사 ⊕ S V

   ex) **After** I did my homework, I took a walk.

④ before : ~전에

  ⓐ 전치사 ⊕ 명사류

   ex) I read a book **before** going to bed.

    (나는 잠자기 전에 독서를 한다.)

  ⓑ 접속사 ⊕ S V

   ex) I read a book **before** I go to bed.

⑤ until(=till) : ~까지

  ⓐ 전치사 ⊕ 명사류

   ex) My friends waited beside the big rock **until** the firefighters' rescue.

  ⓑ 접속사 ⊕ S ⊕ V

   ex) My friends waited beside the big rock **until** the firefighters rescued them.

    (내 친구들은 소방관들이 그들을 구조할 때까지 큰 바위 옆에서 기다렸다.)

⑥ by the time : ~할 무렵에

  ex) **By the time** the project was over, he was completely tired.

   (그 프로젝트가 끝날 무렵에 그는 완전히 지쳤다.)

Note

Point 1.

after/before 등 전 후를 명확히 나타내는 접속사의 경우는,

과거보다 한 시제 이전이라고 하더라도 똑같이 과거 시제를 쓰면 된다.

Point 2.

때나 조건을 나타내는 부사절에서는 현재시제가 미래시제를 대신한다.

ex) I will clean my room [until my mom comes back.] ~~will come~~
→ 시간을 나타내는 부사절

⑦ next time : 다음에 ~할 때에

ex) *Next time* Olivia is here, let's eat dinner together.
~~will be~~

(Olivia가 다음에 여기에 오면, 함께 저녁 먹자.)

⑧ ~하자마자

As soon as I came back home, → 단문: On coming back home,		I took a shower.	

≡ ┌ The moment ┐
    The minute
    The instant
    └ Immediately ┘
		I took a shower.	**point.**
			 전·후를 명확히 나타내는 접속사가 있는 경우, 똑같이 과거시제를 쓸 수 있다.

No sooner had I come back home (Hardly / Scarcely) had I come back home	than when	I took a shower.	**point.** 부정어 강조를 위해 문두에 부정어를 쓴 경우, 도치가 발생 ⊕ 전 후를 나타내는 접속사가 없으므로 과거보다 한 시제 이전인 과거완료를 쓴다.
I had no sooner come back home I had (hardly / scarcely) come back home	than when	I took a shower.	부정어 강조를 하지 않을 경우, had p.p.에서 had는 조동사 취급하므로, 부정어를 had 뒤에 쓴다.

Meta Grammar

⑨ as의 쓰임 〈 전치사 ⊕ 명사류

접속사 ⊕ S V

[1] 전치사　① ~로써(로서)

ex) He devoted his life to helping the poor **as** a doctor.

(그는 의사로서 가난한 사람들을 돕는데 그의 삶을 바쳤다.)

② ~만큼(~처럼)

ex) I haven't studied as hard as you.

(나는 너만큼 열심히 공부하지 않아.)

[2] 접속사　① ~ 때문에 (=because/since/now that)

ex) **As** he got up late, he didn't catch the first train.

(그는 늦게 일어났기 때문에, 첫 기차를 타지 못했다.)

② ~함에 따라

ex) **As** I climbed up the mountain higher, it got colder.

(내가 산을 더 높이 올라감에 따라, 더 추워졌다.)

③ ~할 때 (=when)

ex) **As** I arrived at the meeting, it had already been over.

(내가 모임에 도착했을 때, 이미 끝나 있었다.)

④ ~하다시피

ex) **As** you know, I like playing the piano.

(너도 알다시피, 나는 피아노 치는 것을 좋아한다.)

⑤ ~하면서 : 부대상황 (=while)

ex) He sang a song merrily **as** he played the guitar.

(그는 기타를 치면서 즐겁게 노래를 불렀다.)

⑥ 형용사/부사 ⊕ as ⊕ S V ~ : 비록 ~일지라도

(=Though S V ⊕ 형용사/부사)

ex) Difficult **as** the problem is, he can solve it.

〈≡Though the problem is difficult〉

(비록 그 문제가 어렵다 하더라도, 그는 그것을 풀 수 있다.)

★★★
7. that의 쓰임

★
① 지시대명사 : 한 문장 안에서 앞에 나온 명사의 반복을 피하기 위해 쓰인 대명사

(복수인 경우, those)

ex) The weather of Seoul is colder than that of Busan.

(Seoul의 날씨는 부산의 날씨보다 더 춥다.)

The flowers in this shop look fresher than those in that shop.

(이 가게의 꽃들이 저 가게의 꽃들보다 더 신선해 보인다.)

※ 지시대명사 that이 출제되는 유형 〈보통, 비교구문에서 쓰인다.〉

ⓐ as ~ as 구문　　　ⓓ be different from : ~와 다르다

ⓑ ~er than　　　ⓔ differ from : ~와 다르다　　⊕ that of

ⓒ be similar to : ~와 비슷하다　　ⓕ be like : ~와 같다

Point.

that은 매우 중요
하다. 용법을 구분
할 수 있어야 한다.
각 표현들을 꼭
암기해두라!!

② **지시형용사 ⊕ 명사** : 저

ex) I think **that** boy is very handsome.
 (that): 접속사 → 목적절 : 생략가능

(나는 저 소년이 매우 잘생겼다고 생각한다.)

③ **부사** : 그렇게

ex) He isn't *that* smart. (그는 그렇게 똑똑하지 않다.)

④ **관계대명사** ┬ N that V : 주격관계대명사

  ex) I have a book **that** is about American history.
   (나는 미국 역사에 관한 책이 한 권 있다.)

  └ N that S V : 목적격관계대명사

  ex) The book **that** I bought yesterday is about American history.
   (내가 어제 산 책은 미국 역사에 관한 것이다.)

⑤ **접속사** ┬ 명사절 : that절이 S, O, C 자리에 위치

  ex) I believe that he is not a thief.
       O자리
   (나는 그가 도둑이 아니라고 믿는다.)

  └ 형용사절 : 동격의 접속사

  ex) The evidence that he is a thief hasn't been revealed yet.
   (그가 도둑이라는 증거는 아직 밝혀지지 않았다.)

Point.

1. 동사 바로 다음의 that은 접속사인 경우가 많다. 그러나, 이 예문의 경우에는 접속사로 착각하면 안 된다.

boy가 보통명사이므로 접속사라면, boy 앞에 a 나 the 등 관사가 와야 하는데, 없기 때문에 that은 지시형용사로 보면 된다.

2. 목적절을 이끄는 접속사 that은 생략이 가능하다.

3. 명사절과 형용사절로 쓰이는 접속사 that구별 문제가 출제되기도 한다.

→ 어느 자리에 that이 왔는지 확인 : S, O, C 자리인지, 바로 앞에 있는 명사를 수식 하는지 확인.

※ 명사 ⊕ **that** ⊕ 완문
↳ 〈동격의 접속사〉

the fact	the news	
the idea	the belief	⊕ that ⊕ 완문
the thought	the evidence(proof)	
the lesson	⋮	

⑥ 관계부사

ex) The house that I lived when I was young was demolished.

(어릴 적 살았던 집은 철거되었다.)

⑦ It ~that 가s/진s
⑧ It~that 강조 구문

> 구별 문제가 출제 된다.
> 1. 진주어인 경우는 that 이하가 완문이다.
> 2. 강조구문의 경우, that 이하에 생략된 부분이 있다. 생략된 부분은 it~that 사이에 있다.

Point.

1. it ~ that 구별 문제 및 강조 구문은 중3때부터 출제 된다.

★ **8. 결과를 나타내는 접속사**

① so ⊕ 형용사/부사 ⊕ that ⊕ S ⊕ can ~ : 너무 ~해서 ~할 수 있다 (복문)
= enough to √v (단문)   ↕ 반대말
② so ⊕ 형용사/부사 ⊕ that ⊕ S ⊕ can't ~ : 너무 ~해서 ~할 수 없다.
= too ~ to √v

2. so ~ that 구문은 중학교 과정의 대표 중요 구문 중 하나이다.

ex) The book is **so** easy **that** you can read it. (복문)

= The book is easy **enough** for you **to** read. (단문)

(그 책은 너무 쉬워서 네가 읽을 수 있다.)

→ 주어가 서로 다른 경우, to √v 앞에 의미상의 주어인 for ⊕ 목적격을 쓴다.

③ such ⊕ 명사 ⊕ that ~

ex) She is such a generous lady that she will forgive you.

(그녀는 꽤 관대한 분이셔서, 너를 용서해 주실 거야.)

★
9. 목적을 나타내는 접속사

$$\begin{bmatrix} \text{so that} \\ \text{in order that} \end{bmatrix} \begin{matrix} \text{~can} \\ \text{(may)} \end{matrix} \quad : \text{~할 수 있기 위해 (~ 하기 위해)} \langle 복문 \rangle$$

$$= \begin{bmatrix} \text{in order to } \sqrt{v} \\ \text{so as to } \sqrt{v} \\ \text{to } \sqrt{v} \end{bmatrix} \langle 단문 \rangle$$

ex) He studied very hard **so that** he could accomplish his goal.

= He studied very hard **in order to** accomplish his goal.

(그는 목표를 달성하기 위해 매우 열심히 공부했다.)

$$\longleftrightarrow \begin{bmatrix} \text{so that} \\ \text{in order that} \end{bmatrix} \text{~ not} : \text{~하지 않기 위해서} \langle 복문 \rangle$$

$$\text{(} \equiv \text{)} \quad \text{lest ~ should}$$

$$\text{(} \equiv \text{)} \begin{bmatrix} \text{in order not to } \sqrt{v} \\ \text{so as not to } \sqrt{v} \\ \text{not to } \sqrt{v} \end{bmatrix} \langle 단문 \rangle$$

ex) He helped Jane to study **so that** she **didn't** fail the test.

= He helped Jane to study **in order** for Jane **not to** fail the test.

(그는 Jane이 시험에 떨어지지 않도록 하기 위해 도와주었다.)

Point.

$$= \begin{bmatrix} \text{such} \oplus a \oplus 형 \oplus \text{ 명} \\ \text{so} \oplus 형 \oplus a \oplus 명 \end{bmatrix}$$

→ such : 형용사

→ so : 부사

Point.

중3 부터 기출

Point.

1. in order to √v 를 부정할 경우, 분리가 가능
→in order not to

2. 단문으로 전환할 때 주절의 주어와 종속절의 주어가 다른 경우에는, to √v 앞에 의미상의 주어인 for ⊕ 목적격을 쓴다.

※ 접속부사(Conjunctive adverb)

〈품사 : 부사〉: 접속부사는 앞문장과 뒷 문장을 내용상으로 연결하는 품사.

➡ S V ~ . ☐ S V ~ .

1) 예를 들면 : ┌ for example → 앞의 내용에 대한 구체적인
　　　　　　　└ for instance 　〈예시〉가 다음 문장에 온다.
　　　　　　　　　　　　　　　⇒ 이 접속부사 앞에 주제문이 온다.

2) 게다가 : ┌ besides → 문장에서 여러 가지 예나
　　　　　　│ moreover 　사실을 늘여놓을 때 쓰인다.
　　　　　　│ furthermore
　　　　　　│ in addition
　　　　　　│ additionally
　　　　　　└ what's more

3) 그럼에도 불구하고 : ┌ nevertheless → 앞의 내용과 〈대조〉
　　　　　　　　　　　└ nonetheless 　되는 내용이 나온다.

4) 결과적으로 : ┌ as a result → 앞 문장은 원인
　　　　　　　│ consequently ⇒ 뒷 문장은 결과의
　　　　　　　└ in conclusion 　내용이 나온다.

5) 대조적으로 : ┌ by contrast → 앞 문장과 뒷문장의 내용이
　　　　　　　│ in contrast 　대조적인 관계
　　　　　　　└ on the contrary

Point.

문장순서, 빈칸추론, 제목 주제 찾기, 문장삽입 등 독해유형에서 정답을 찾는데 결정적인 역할을 한다.

→ 논리적인 흐름을 이해해야한다.

Meta Grammar

6) 다른 한편으로 :　on the other hand　→ 앞 문장에 대한 내용과

다른 의견 제시

7) 그러나 :　┌ however　→ 앞 문장과 반대의

　　　　　│　yet　　　　내용이 나온다.

　　　　　└ but　　　⇒ 뒷 문장이 주제문이 된다. (주제문 문제의 경우)

8) 마찬가지로 :　┌ similarly　→ 주제문에 대한 예시가

　　　　　　│ likewise　　앞 문장에서 제시되고,

　　　　　　└ in the same way　또 다른 예시가 등장한다.

9) 요약컨대 :　┌ to sum up　→ 앞 문장들의 내용을

　　　　　│ in summary　한마디로 요약하는 내용이

　　　　　│ in short　　이어진다.

　　　　　└ in brief

10) 그러므로 :　┌ thus　　→ 앞 문장에 대한 결론을

　　　　　│ therefore　제시한다.

　　　　　└ hence

11) 무엇보다도 :　┌ above all　→ 의견 제시 중,

　　　　　　│ most of all　강조하는 내용이 이어진다.

　　　　　　│ first of all

　　　　　　└ best of all

12) 마침내 :
- finally
- at last
- in the long run
- in the end
- ultimately
- eventually

→ 글의 순서 나열의 마지막 부분이기도 하고, 결론적인 내용이 나오기도 한다.

13) 우선 : to begin with

★ 14) 즉 다시 말해서 :
- namely
- ,say,
- that is
- that is to say
- in other words

→ 앞 문장의 내용을 다시 한 번 설명. 문제를 풀 때, 이 문장만 읽어도 윗 글을 예측할 수 있으므로, 독해 문제 풀이 시, 시간을 많이 단축할 수 있다.

15) 사실은 :
- in fact
- as a matter of fact
- indeed

→ 다른 접속부사와는 달리, 앞 문장에 대한 지지가 될 수도 있고, 반전의 내용이 나올 수도 있다.

16) 그렇지 않으면 : otherwise

ex) Forgive him. **Otherwise**, you won't be happy.

(그를 용서해라. 그렇지 않으면, 너는 행복하지 않을 거야.)

Meta Grammar

*Mini-Test

1. '~해라, 그러면 ~ / ~해라, 그렇지 않으면' 표현을 쓰시오.

2. 상관접속사를 이용한 표현과 뜻을 쓰시오.

3. 시간을 이용한 접속사와 뜻을 쓰시오.

4. ~ 때문에 (+구 / +절)

5. ~에도 불구하고/ 비록 ~일지라도 (+구 / 절)

6. 조건을 나타내는 접속사를 쓰시오.

7. as 의 뜻을 쓰시오.

8. that의 쓰임을 쓰시오.

9. 결과를 나타내는 표현을 쓰시오. (단문 / 복문)

10. 목적을 나타내는 표현을 쓰시오. (단문 / 복문)

11. ~동안에 (+ 구 / +절)

12. 접속부사 : 즉, 다시 말해서 / 요약컨대 / 마침내

13. 접속부사 : 게다가 / 결과적으로 / 그러므로

19. 전치사 (Preposition)

19	**문법 개념 정리 : 전치사 (Preposition)**

※ **전치사** : 혼자 쓸 수 없고, 명사류와 함께 쓰이며

① 형용사구 or ② 부사구 역할을 하는 품사

◆ 전치사 ⊕ 명사류 ➡
〈목적어〉
- ① 명사
- ② 대명사
- ③ 동명사
- ④ to ~V~

ex) ① **The boy** on the stage is very handsome.
    S   형용사구   V
(무대 위에 그 소년은 매우 잘생겼다.)

② A handsome boy was standing on the stage.
                                부사구 : 동사수식
(잘생긴 소년이 무대 위에 서 있었다.)

◆ 종류

1) in ⊕
- 1. 계절   ex) in summer
- 2. 년도   ex) in 2007
- 3. 월   ex) in March
- 4. 장소(~안에) - 공간적 / 지역적   ex) in the library
- 5. 시간 : ~후에   ex) in two hours (2시간 뒤에)
- 6. in a + 교통수단 ex) in a taxi
- 7. ~을 입고   ex) be dressed in (~을 차려입다)
- 8. 관용적인 표현 :
  - in the morning
  - in the afternoon
  - in the evening
  - in the past

Note

Point.

전치사 다음에
절대로 to √√ 구
가 올 수 없다.

2) at ⊕

- 1. 시각　　　　　ex) at two o'clock

- 2. 장소 : 지점　　ex) at the bus stop

- 3. 관용적인 표현 :
  - at night
  - at christmas
  - at sunset

3) on ⊕

- 1. 장소 (표면) : ~위에　ex) on the wall

- 2. 특정한 날　　　ex) on my birthday

- 3. 요일　　　　　ex) on Sunday

- 4. 날짜　　　　　ex) on April 15th

- 5. ~에 관해(구체적)　ex) on Korean history (한국 역사에 관해)

- 6. 관사 + 교통수단　ex) on a boat / on a plane : ~을 타고

- 7. 관용적인 표현　ex) on Christmas day

  on Sunday night

4) 시간의 전치사

1. in ⊕ 월, 년도

ex) <u>in</u> 2021

2. at ⊕ 시각

ex) <u>**at**</u> 6 o'clock

3. on ⊕ 날짜, 요일

ex) <u>**on**</u> Sunday

4. ┌ for ⊕ 숫자의 기간 : ~동안
   └ during ⊕ 특정한 기간 : ~ 동안

ex) <u>**for**</u> five days

ex) <u>**during**</u> summer vacation

5. in ⊕ 시간 : ~후에

ex) <u>**in**</u> 5 minutes : 5분 후에

6. within ⊕ 시간 : ~이내에

ex) <u>**within**</u> 2 hours : 2시간 이내에

1. in
2. at
3. on
4.for / during
5. within
6.before / after
7.by / until
8.from / since

Point.

for
① : ~을 위해
② 접속사: 왜냐하면

ex) I am very
happy, for I
passed the test.
(나는 매우 행복했
다, 왜냐하면 내가
시험에 합격했기
때문이다.)

7. ┌ before ⊕ 시간 : ~전에
　　└ after ⊕ 시간 : ~후에

ex) I pray **before** going to bed every day.

(나는 매일 자기 전에 기도한다.)

ex) I drink a cup of coffee **after** lunch.

(나는 점심 식사 후에 커피를 마신다.)

8. ┌ by : ~까지 (완료의 의미)
　　└ until : ~까지 (계속의 의미)

ex) I will come back **by** 5 o'clock.

(나는 5시까지 돌아올 거야.)

ex) I will play soccer **until** 5 o'clock.

(나는 5시까지 축구를 할 거야.)

9. ┌ from ⊕ 시작 지점 :

from A to B
: A 에서 B 까지

　　└ since ⊕ 시점 :

시점 : 주절의 시제에 완료시제가 온다
〈과거의 일이 현재에 영향을 미침〉

ex) I **have met** Tony since I was young.

(나는 어렸을 때부터 Tom을 만나오고 있다.)

ex) I **studied** English **from** 8 o'clock to 11 o'clock.

(나는 8시부터 11시까지 영어 공부를 했다.)

Point.

before
① 전치사
② 접속사
③ 부사

→ 부사로 쓰인 경우
ago와 구별

➡ 시제 문제로 출제

ago → 과거시제와 함께

before → 완료시제와 함께 쓰인다.

ex) I met Tom ago.

ex) I have met Tom before.
(나는 전에 Tom을 만난 적이 있다.)

Point.

- from A to B
: to가 전치사이므로, 뒤에 동사가 온다면, 반드시 동사를 ~ing로 써야 한다.

수능어법에서 기출

: from과 to의 간격이 떨어져 있어 to를 전치사라고 생각하지 않고 to 부정사로 착각하도록 유도하는 문제로 기출되었기 때문에 구문을 잘 살펴야 한다.

5) 장소 / 위치의 전치사

1. in
2. on
3. at
4. above / below
5. over / under
6. by / beside / next to
7. in front of / behind
8. among / between
9. near

1. in ⊕ 나라 / 도시 (비교적 넓은 장소) : -안에

ex) <u>in</u> Korea

2. ┌ **on ⊕ 접촉 : ~위에**

ex) **on** the desk

└ **beneath ⊕ 접촉 : ~아래에**

3. at ⊕ 지점 (비교적 좁은 장소) : ~ 에

ex) <u>at</u> the hotel

4. ┌ **above : ~보다 더 위에**

└ **below : ~ 보다 아래에**

ex) Many birds are flying <u>**above**</u> the village.

(많은 새들이 마을 위로 날고 있다.)

ex) The village lies <u>**below**</u> me.

(마을이 내 아래로 펼쳐져 있다.)

5. ┌ over : ~위에

└ under : ~밑에 / ~아래에

ex) The clouds were all **over** the sky.

(구름들이 온 하늘을 덮었다.)

ex) My cute puppy was sleeping **under** the table.

(나의 귀여운 강아지가 테이블 아래에서 자고 있었다.)

6. ┌ by : (붙어서) ~옆에

├ beside : (나란히) ~옆에

└ next to

ex) A small house is **by** the lake.

(작은 집 한 채가 호수 옆에 있다.)

ex) The bakery is ┌ **beside** ┐ the post office.
                   └ **next to** ┘

(그 제과점은 우체국 옆에 있다.)

7. ┌ in front of : ~앞에

└ behind : ~뒤에

ex) There is a dog **in front of** the table.

(테이블 앞에 개 한 마리가 있다.)

ex) There is a tall tree **behind** the house.

(그 집 뒤에 큰 나무가 있다.)

8. ┌ among : (셋 이상) 사이에

 └ between : (둘) 사이에

ex) There is a flower shop **between** a bakery and the post office.

(제과점과 우체국 사이에 꽃가게가 있다.)

ex) Jane is the smartest girl **among** them.

(Jane은 그들 중에서 가장 똑똑한 소녀이다.)

9. near : ~근처에 / - 가까이에

ex) My parents live **near** the church.

(우리 부모님은 교회 근처에 사신다.)

6) 방향의 전치사

1. toward
2. out of ↔ into
3. along
4. across
5. through
6. about
7. off
8. around
9. to
10. up ↔ down

1. toward : ~쪽으로 / ~를 향해

ex) A strange man was walking **toward** her house.

(한 낯선 남자가 그녀의 집을 향해 걸어가고 있었다.)

2. ┌→ out of : ~ 밖으로
   └→ into : ~ 속으로

into → out of

ex) I came **out of** the house quickly.

(나는 재빨리 집 밖으로 나왔다.)

ex) I slid **into** my bed.

(나는 미끄러지듯 침대 안으로 들어갔다.)

3. along : ~을 따라

along

across

ex) I walked along the street.

(나는 길을 따라 걸었다.)

4. across : ~을 가로질러

ex) The drugstore is **across** from the police station.

(약국이 경찰서 건너편에 있다.)

5. through : ~을 통해, ~사이로

ex) A train was passing **through** the tunnel.

(기차가 터널을 통과하고 있었다.)

6. about :
- ① ~주위에
- ② ~에 대하여
- ③ 부사 : 약, 대략

ex) Kevin studied **about** the history of America.

(Kevin은 미국의 역사에 대해서 연구했다.)

7. off : ~를 벗어나서 / ~에서 떨어져서

ex) I live **off** the town.

(나는 시내에서 떨어진 곳에서 산다.)

8. around : ~주위에

ex) I looked **around** the road.

(나는 도로 주변을 둘러보았다.)

9. to : ~쪽으로 / ~로   [보통 come, go 동사와 함께 도착지를 나타냄]

ex) I went **to** the library to meet my friend.

(나는 친구를 만나러 도서관에 갔다.)

※ leave, start 와 함께 쓰일 때는, to가 아닌 for를 쓴다.

→ **leave for** : ~를 향해서 떠나다.

→ **start for** : ~를 향해 출발하다.

ex) Lauren **left for** London last night.

(Lauren은 지난 밤 런던을 향해서 떠났다.)

★ **to의 기출유형**

1) 전치사 ⇒ 동명사를 이용한 주요 표현에서

to ⊕ ~ing

〈전치사 다음에는 동사원형이 아니라 반드시 명사류,

즉 동명사가 와야 한다는 것을 꼭 기억해야 한다.〉

2) to ⊕ $\sqrt{V}$ → to 부정사 〈명사/형용사/부사 역할〉

3) 4형식을 3형식으로 전환할 때, 쓰인다. 〈형식 편에서 설명〉

10. → **up** : 위로

→ **down** : 아래로

ex) My parents and I walked **up** the mountain.

(부모님과 나는 산 위로 걸어 올라갔다.)

ex) My parents and I walked **down** the mountain.

(부모님과 나는 산 아래로 걸어 내려왔다.)

7) 기타전치사

1. by ― ① ~옆에

② ~에 의해 (수동태)

③ ~까지

④ by ⊕ 교통수단 : ~로

⑤ ~을 지나 : walk by (지나가다)

⑥ 기간 단위 : by the hour (시간 단위로)

⑦ 관용적 표현 : ┌ by chance ┐

by accident ┘ → (우연히)

└ step by step (단계별로)

2. with ― ① ~와 함께 : ex) with my mom (엄마와 함께)

② ~로 (도구) : ex) with a pen (펜으로)

③ ~을 가진 : ex) a girl with blue eyes (푸른 눈을 가진 소녀)

3. without ― ① ~없이

ex) We can't live without water.

(우리는 물 없이 살 수 없다.)

② ~이 없다면 (가정법에서 언급)

ex) Without water, we couldn't live.

(우리는 물이 없다면, 살 수 없을텐데..)

4. like ── ① ~와 같은
　　　　　└── ② ~처럼

ex) I like the movie like that.

(나는 그와 같은 영화를 좋아한다.)

ex) He looks <u>like</u> a puppy.

(그는 강아지처럼 생겼다.)

★ 〈주의 : 동사와 전치사 구별법〉

→ 문장 안에 동사가 있는지, 없는지 확인

: 있다면, 전치사 / 없다면, 동사로 쓰인 것이다.

5. as ① ~처럼 (같이)

ex) My father works hard as an ant.

(우리 아버지는 개미처럼 열심히 일하신다.)

② ~로(서) (자격)

ex) My mom volunteers as a nurse.

(우리 어머니는 간호사로서 자원봉사 하신다.)

6. except : ~을 제외하고 (=apart from)

ex) I work everyday **except** Sunday.

(나는 일요일은 제외하고 매일 일한다.)

7. ┌→ **for** : ~에 찬성하여
　　└→ **against** : ~에 반대하는

ex) **vote for** : ~에 찬성표를 던지다.

ex) **vote against** : ~에 반대표를 던지다.

point.

like VS such as

① like ⊕ 비교의
　　　　개념

② such as ⊕ 예시

*for의 의미

1. ~을 위해
2. ~동안
3. ,왜냐하면

Meta
Grammar

8. according to : -에 따르면

ex) **According to** my parents, Olivia will go abroad to study.

(나의 부모님에 따르면, Olivia가 공부하러 유학을 갈 것이다.)

9. instead of : ~대신에

ex) I worked today **instead of** Tony.

(나는 Tony 대신에 오늘 일했다.)

★ **10.**

$$\equiv \begin{bmatrix} \text{because of } (\text{~때문에}) \\ \text{due to} \\ \text{owing to} \\ \text{on account of} \\ \text{thanks to } (\text{~덕택에}) \end{bmatrix} \quad \oplus \quad \text{구 (명사류)}$$

★ **11.**

$$\equiv \begin{bmatrix} \text{despite } (\text{~에도 불구하고}) \\ \text{in spite of} \\ \text{in the face of} \\ \text{with all} \\ \text{for all} \end{bmatrix} \quad \oplus \quad \text{구 (명사류)}$$

★ **12. in addition to + 구 (~ing)** ★

: ~이외에도   동명사

8) 타동사 ⊕ 목적어 ⊕ 전치사

Note

Point.

1. 3형식 구문의 동사들이기 때문에 4형식으로 착각하여 전치사를 생략하지 않도록 주의한다.

1. V   A   of   B   : A에게서 B를

            B   from   A

- rob   〈훔치다〉
- rid   〈제거하다〉
- clear   〈없애다〉
- relieve 〈없애다〉
- deprive 〈박탈하다〉
- strip   〈벗기다〉

ex) Someone **robbed** me of my purse.

(누군가가 나에게서 지갑을 훔쳐 갔다.)

2. V   A   of   B   : A에게 B를

- remind   (상기시키다)
- inform   (알리다)
- warn   (경고하다)
- convince (확신시키다)

ex) His voice **reminds** me of his father.

(그의 목소리는 나에게 그의 아버지를 기억나게 한다.)

Meta Grammar

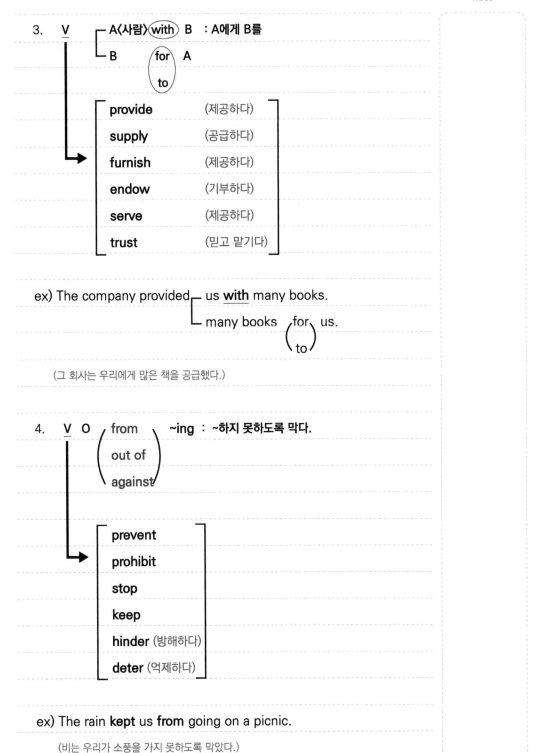

3. V ┌ A〈사람〉 with B : A에게 B를
     └ B   for A
                  to

```
┌ provide   (제공하다)   ┐
│ supply    (공급하다)   │
│ furnish   (제공하다)   │
│ endow     (기부하다)   │
│ serve     (제공하다)   │
└ trust     (믿고 맡기다) ┘
```

ex) The company provided ┌ us **with** many books.
                         └ many books (for / to) us.

(그 회사는 우리에게 많은 책을 공급했다.)

4. V O (from / out of / against) **~ing** : ~하지 못하도록 막다.

```
┌ prevent        ┐
│ prohibit       │
│ stop           │
│ keep           │
│ hinder (방해하다) │
└ deter (억제하다)  ┘
```

ex) The rain **kept** us **from** going on a picnic.

(비는 우리가 소풍을 가지 못하도록 막았다.)

19. 전치사 (Preposition)   267

5.　V　A　(from)　B : A와 B를 구별하다.

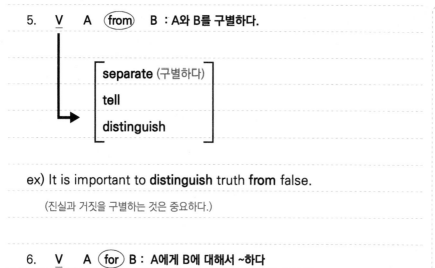

> separate (구별하다)
> tell
> distinguish

ex) It is important to **distinguish** truth **from** false.

(진실과 거짓을 구별하는 것은 중요하다.)

6.　V　A　(for)　B : A에게 B에 대해서 ~하다

> blame　(비난하다)
> forgive　(용서하다)
> punish　(처벌하다)
> praise　(칭찬하다)
> thank　(감사하다)

ex) He **forgave** me **for** making such mistakes.

(그는 내가 그런 실수를 한 것을 용서했다.)

7.　V　A　(as)　B : A를 B로 간주하다.

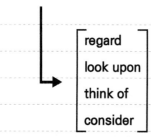

> regard
> look upon
> think of
> consider

ex) He **regards** me **as** a good doctor.

(그는 나를 훌륭한 의사로 여긴다.)

8. <u>V</u> A (as) B

  refer to A as B : A를 B로 언급하다

  see
  view ┘ A as B : A를 B로 보다

ex) It's funny to **refer to** her **as** a singer. (그녀를 가수로 언급하는 것은 웃기다.)

9. <u>V</u> A (to) B

  attribute A to B ┐ : A를 B탓으로 돌리다.

  ascribe A to B

  chalk A up to B ┘

  add A to B : A를 B에 더하다

  owe A to B : A를 B에 빚지다

  take A to B : A를 B로 데려가다

  prefer A to B : A를 B보다 선호하다

  relate A to B : A를 B에 관련 짓다

  subject A to B : A로 하여금 B 당하게 하다

ex) I **owed** my success **to** my mother. (나의 성공은 어머니 덕분이다.)

10. <u>V</u> A (into) B

  break A into B : A를 B로 부수다

  change A into B : A를 B로 바꾸다

  turn A into B : A를 B로 변화시키다

  transform A into B : A를 B로 변형시키다.

  divide A into B : A를 B로 나누다

  translate A into B : A를 B로 번역하다

  convert A into B : A를 B로 전환시키다

ex) Hydroelectric power **converts** water **into** electricity.

(수력발전은 물을 전기로 전환시킨다.)

19. 전치사 (Preposition)   269

* Mini-Test

1. 전치사 in 의 쓰임에 대해 구체적으로 기술하시오.

2. 전치사 on의 쓰임에 대해 구체적으로 기술하시오.

3. 방향을 나타내는 전치사의 종류를 쓰고, 의미를 쓰시오.

4. 시간을 나타내는 전치사의 종류를 쓰고, 의미를 쓰시오.

5. 뒤에 구가 나왔을 때 '~ 때문에'/ '~에도 불구하고'를 나타내는 표현을 쓰시오.

6. from/ since , by/until를 구별하여 기술하시오.

7. V ┌ A of B   : A에게서 B를 ➡ 이 표현의 동사를 쓰시오.
     └ B from A

8. V A of B   : A에게 B ➡ 이 표현의 동사를 쓰시오.

9. V A for B : A에게 B에 대해서 ~하다 ➡ 이 표현의 동사를 쓰시오.

10. V A〈사람〉with　B ➡ A에게 B를 : 이 표현의 동사를 쓰시오.

　　 B 〈for〉 A
　　　　〈to 〉

11. V O 〈from ~ing : ~하지 못하도록 막다 ➡ 이 표현의 동사를 쓰시오.

　　〈out of
　　　against

12. V A to B ➡ 이 표현의 동사를 쓰고, 의미를 적으시오.

13. V A into B ➡ 이 표현의 동사를 쓰고, 의미를 적으시오.

20. 화법 (Narration)

20 문법 개념 정리 : 화법 (Narration)

※ 시제의 일치

S V that S V ~

1) 현재 ── ① 현재
         ── ② 과거
         ── ③ 미래

ex) I think (that) you **are** a nice guy. (나는 네가 멋진 녀석이라고 생각해.)

I think (that) you **were** a nice guy. (나는 네가 멋진 녀석이었다고 생각해.)

I think (that) you **will** be a nice guy. (나는 네가 멋진 녀석이 될 것이라고 생각해.)

2) 과거 ── ① 과거
         ── ② 과거완료

ex) I thought (that) Jane **was** honest.

(나는 Jane이 정직하다고 생각했다.)

I thought (that) Jane **had been** honest.

(나는 Jane이 정직했다고 생각했다.)

Point.

국어는 시제가 영어만큼 분화가 되지 않아서 학생들이 시제에 대한 개념이 민감하지 않아 시제 문제를 많이 틀린다.

주절 동사의 시제를 기준으로 종속절의 시제를 확인해야 한다.

〈주의〉
화법에서는, 시제의 일치와 시제 일치의 예외를 주의해서 전환해야 한다.

Meta Grammar

※ 화법

1) 직접화법 (Direct Speech) : 남의 말을 인용할 경우, 그 사람의 말을 그대로 " "로
    인용하여 직접 되풀이하는 방법.

    ex) He said to me, "You are so pretty."

    (그는 나에게 말했다 "너는 너무 예뻐.")

2) 간접화법 (Indirect Speech) : 남의 말을 인용할 때, 현재 말하는 사람의 입장에서
    인칭이나 시제 등을 고쳐서 전달자의 입장으로
    전환하여 말하는 방법

    ex) He told me that I was so pretty.

    (그는 나에게 내가 너무 예쁘다고 말했다.)

* 화법 전환방법 (평서문 / 의문문 / 명령문의 경우)

1) 평서문의 경우

ex) He said to me, "You are so beautiful now."

(그는 내게 말했다. "너는 지금 너무 아름다워.")

→ He told me that I was so beautiful then.

(그는 내게 그 때 내가 너무 아름다웠다고 말했다.)

1. 전달동사 전환

① say → say	③ say to → tell
② said → said	④ said to → told

2. **,** → that : 생략가능 (목적절을 이끄는 접속사이기에 생략 가능)

3. **" "** → 생략

4. 주어와 목적어 등 대명사는 전달자의 입장에 맞추어 전환

5. 동사 =〉 ① 현재시제 → 주절의 시제와 같도록 전환

② 과거시제 / 현재완료 → 주절의 시제보다 한 시제 이전으로 전환

〈주의〉 시제 일치의 예외인 경우는 적용되지 않는다.

point.

1. 고1 내신에서 화법전환 문제로 기출.

2. 수능 어법에서는 명령문의 화법전환
: 목적보어자리에 to부정사를 쓰는 경우로,

의문문의 경우 : 전달동사 ask가 있는 문장에서, 절대로 that을 쓸 수 없고, if를 써야 하는 경우로 출제되고 있다.

Meta
Grammar

6. 부사의 전환

now ➡ then	this ➡ that	yesterday → the day before → the previous day	ago → before	next day → the next day	today → that day
here ➡there	these ➡ those	tomorrow → the next day → the following day	last night → the night before		tonight → that night

ex) ⓐ She said to me, "I will get up at seven tomorrow."

→ She *told* me that *she would* get up at seven the *next day*.

(그녀는 나에게 그녀가 그 다음날 7시에 일어날 거라고 말했다.)

ex) ⓑ He says, "I am happy."

→ He *says* that *he is* happy.

(그는 행복하다고 말한다.)

ex) ⓒ Kevin said to Lauren, "I wrote you a letter yesterday."

→ Kevin *told* Lauren that *he had written her* a letter *the day before*.

(Kevin이 Lauren에게 그 전 날 그녀에게 편지를 썼다고 말했다.)

※ ⓒ 풀이법

① said to는 told로 전환된다.

② , → that으로 전환된다.

③ '나'→ 여기서 나는 Kevin이므로, 주어 자리 대명사인 he 로 전환한다.

④ 동사는 과거시제이므로, 주절의 시제인 과거보다 한 시제 이전인

과거완료로 전환하면 된다.

⑤ you는 Lauren을 가리키므로 목적격 her로 전환.

⑥ yesterday도 ┌ the day before ┐ 로 전환된다.

└ the previous day ┘

---

20. 화법 (Narration)

2) 의문문의 경우

※ 전달동사 : 의문문은 모두 ask/asked

① ┌ say
│
│   → ask
│
└ say to

② ┌ said
│
│   → asked
│
└ said to

┌ 1. 의문사가 있는 의문문의 경우 : ~ ⊕ 의문사 ⊕ S ⊕ V ~
│   〈 간접의문문의 어순 〉
└ 2. 의문사가 없는 의문문의 경우 : ~ ⊕ if ⊕ S ⊕ V ~
                         (whether)

※ 대명사나 시제, 부사 전환 방법은 평서문과 동일하다.

ex) ⓐ I said to Sora, "Where are you going now?"

➡ I **asked** Sora **_where she was going then_**.

(나는 Sora에게 그녀가 그때 어디로 가고 있었는지 물었다.)

ⓑ She said to me, "Are you cold?"

➡ She asked me if I was cold.

(그녀는 내게 추운지 물어 보았다.)

ⓒ He said to her, "Where did you go yesterday?"

➡ He asked her where she had gone the day before.

(그는 그녀에게 그 전날 어디에 갔는지 물어 보았다.)

Point.

의문문이 목적절에 오는 경우는 간접의문문이다.
→ 간접의문문의 어순에 맞게

┌ 의문사 +S+V ~
└ if S+V ~
  (whether)

어순으로 반드시 써야 한다.

Meta Grammar

ⓓ She said to me, "Who broke the vase?"

➡ She asked me who had broken the vase.

(그녀는 내게 누가 그 꽃병을 깼는지 물어 보았다.)

※ ⓒ 예문 풀이법

① said to → asked

② 너 → 그녀이므로 주격 she로 전환

③ 동사의 시제가 과거형이므로,

  주절의 시제보다 한시제 이전인 과거완료로 전환

④ 부사 yesterday를 the day before로 전환

---

3) 명령문의 경우 → 5형식 구문이 된다.

※ 전달동사

현재형	과거형
tell	told
order	ordered
persuade	persuaded
warn 등등	warned 등등

〈 특별히 정해진 것이 아니라, 문장의 뉘앙스와 의미에 맞게

  동사를 쓰면 된다. 일반적으로는, *tell(told)* 를 쓴다. 〉

〈 please가 있는 명령문인 경우는, *ask(asked)*를 쓴다. 〉

point.

주어가 의문사인
경우는, 그대로
V~로 쓰면 된다.
↓
순서대로

┌ 1. 긍정명령문의 경우 : ★ to √V
│
└ 2. 부정명령문의 경우 : ★ not to √V

ex) ⓐ Jane said to me, "Stand up."

➡ Jane told me **to** stand up.

(Jane은 내게 일어서라고 말했다.)

ex) ⓑ Tom said to her, "Don't be late."

➡ Tom told her **not to** be late.

(Tom은 그녀에게 늦지 말라고 말했다.)

ex) ⓒ I said to my teacher "Please forgive me."

➡ I asked my teacher **to** forgive me.

(나는 선생님께 용서해달라고 요청했다.)

Note

Point.

목적보어자리가 되므로 긍정의 의미가 필요한 경우, to √V ,

부정의 의미가 필요한 경우는 not to √V 표현을 써야 한다.

✿ * Mini-Test

1. 시제의 일치에 대해 서술하시오.

2. 평서문의 화법 전환 방법을 서술하시오.

3. 화법 전환 시, 부사의 전환 방법을 쓰시오.

4. 의문문의 간접 화법 방법을 서술하시오.

5. 명령문의 간접 화법 방법을 서술하시오.

21. 특수구문 (Special Syntax)

학습내용

1. 강조

1) It ~ that 강조 구문

2) ┬ 동사 강조

　　　재귀대명사 강조

　　　비교급 강조

　　　명사 강조

　　　의문사 강조

　　└ 부정문 강조

2. 도치

1) if의 생략으로 인한 도치

2) 의문문

3) There ⊕ be 동사 ⊕ 주어

4) Here ⊕ be 동사 ⊕ 주어

5) 문장의 일부 강조로 인한 도치

① ┬ ⓐ 전치사 ⊕ 명사 강조

　　├ ⓑ 보어 강조

　　└ ⓒ 부사(구/절) 강조

② 부정어 강조

6) 동의의 표현

3. 생략

1) if의 생략

2) 분사 구문: 접속사 생략

4) 주격관계대명사 ⊕ be 동사

5) 목적격관계대명사

6) 재귀대명사의 생략

4. 삽입

5. 동격

*특수구문 (강조, 도치, 생략, 삽입, 동격)

★ 1) 강조 (Emphasis)

★ 1. It ~that 강조구문 : 대명사 part 참조

→ It ~ that 가주어 / 진주어와 구별할 수 있어야 한다.

→ It ~ that 강조구문으로 동사는 강조할 수 없다

→ It ~ that 강조구문에서 동사의 시제를 주의하라 (It is/was~)

★ 2. 동사강조:
$$
\begin{bmatrix} do \\ does \\ did \end{bmatrix} \oplus \text{동사원형}
$$

ex) I studied hard.
   ↓
  did study

→ 긍정문에서
$$
\begin{bmatrix} do \\ does \\ did \end{bmatrix} \oplus \text{동사원형이 오면 무조건 동사 강조}
$$

3. 재귀대명사 : 강조용법

ex) I *myself* bought it

→ 명사, 대명사 바로 뒤에 오면 무조건 강조 용법이다.

point.

1. It ~ that
강조구문은 중3
부터 기출되고
있다.

① It ~that
가 S/진S
구별 문제

② It ~that으로
강조할 수 없는
구문 – 동사

③ 서술형으로
강조구문
만드는 방법

2. 동사 강조도
중요 하다.

point.

재귀용법과
강조용법의
구별 문제

★
4. 비교급 강조 : 훨씬

$$\left.\begin{array}{l} \text{much} \\ \text{even} \\ \text{still} \\ \text{far} \\ \text{a lot} \end{array}\right\} + \text{비교급}$$

point.

비교급 강조는
쉬운 표현이지만,
중고등에서
자주 출제되는
편이다.

※ very → 원급강조

ex) I study **_much_** <u>harder</u> than you. (나는 너보다 훨씬 더 열심히 공부해.)
       비교급

I study **_very_** <u>hard</u>. (나는 매우 열심히 공부해.)
       원급

5. 명사강조 : the very : 바로 그

ex) This is <u>the very</u> boy that I am looking for.

(얘가 내가 찾고 있는 바로 그 소년이야.)

6. 의문사 강조 : on earth, in the world

: 도대체, 세상에

ex) Who **on earth** are you?

(도대체 너는 누구니?)

7. 부정문 강조 : at all : 전혀

ex) I don't love you **at all**.

(나는 너를 전혀 사랑하지 않아.)

2) 도치 (Inversion)

➡ S V ~ → <u>V S ~</u>

1. If의 생략 → 도치구문이 된다. : 가정법 if의 생략 참조

('~이 없다면 / ~이 없었다면' 표현이 중요)

┌ If S V ~ , S V ~
└ → V S ~ , S V ~

ex) If it should rain, I would stay at home.

→ ***Should it rain,*** I would stay at home.

(비가 온다면, 나는 집에 있을 거야.)

2. 의문문 : ex) Who are you? → 의문문은 도치 구문이다.

3. ┌ There is (was) ⊕ 단수 주어 : ~이 있다
   └ There are (were) ⊕ 복수 주어

↳ 유도부사 → 부사가 문두에 왔으므로, 도치발생.

★

=〉 <u>수 일치 문제</u>로 출제된다. :

뒤에 나온 명사의 단/복수 여부를 보고 is(was) 또는 are(were)를 쓰면 된다.

ex) There <u>is</u> <u>a book</u> on the desk.

(책상 위에 한 권의 책이 있다.)

There <u>are</u> <u>three books</u> on the desk.

(책상 위에 세 권의 책이 있다.)

Note

Point.

한 문장 안에 동사가 2개라면, 두 문장이다. 한 문장이 되기 위해 반드시 접속사가 필요하다.

그런데 접속사가 없다면, 원래 없는 것이 아니라 생략된 것이다.

접속사가 생략되어 V S가 되는 경우는 <u>if</u>의 생략 밖에 없다.

Point.

① 유도부사란?

글이나 대화에서 화제를 던지거나 다음 내용을 기대하게 하려고 사용하는 표현. 종류로는 there / here 이 있는데 there은 해석이 되지 않는다.

② 주의 대명사가 주어인 경우는 도치가 되지 않는다. ex) Here <u>you</u> <u>are</u>.

4. ┌ **Here is (was) + S (단수)** : (여기에) ~이 있다

   └ **Here are (were) + S (복수)**

ex) Here is a cute rabbit.

Here are two cute rabbits.

(여기에 2마리의 귀여운 토끼가 있다.)

5. 문장의 일부 강조 → 도치구문이 되어야 한다.

1 ┌ ① 전치사 + 명사 ┐   ┌ ① be 동사 + 주어 ┐

   │ ② 보어   │ ⊕ │ ② 조동사 + 주어 + √V │

   └ ③ 부사(절) ┘   └ ③ 일반동사 + 주어 ┘

ex) ⓐ A handsome boy <u>stood</u> in front of my house.

(잘생긴 소년이 집 앞에 서 있었다.)

→ <u>In front of</u> my house <u>stood</u> a handsome boy.

〈전치사 + 명사류 강조〉 (was standing : 과거진행형의 경우)

(집 앞에 잘생긴 소년이 서 있었다.)

ex) ⓑ The bike is so expensive that I can't buy it.

(그 자전거는 너무 비싸서, 나는 그것을 살 수가 없다.)

→ *So expensive is the bike* that I can't buy it. (보어강조)

(너무 비싸서, 나는 그 자전거를 살 수가 없다.)

Point.

진행형의 경우,
be동사 ⊕ 주어 ⊕ ing가 아닌,
↓
be동사 ⊕ ~ing ⊕ 주어의 순서로 써야 한다.

21. 특수구문 (Special Syntax)   287

2 부정어 강조 : 부정어 강조할 시, 주의할 점은 일반동사의 경우의 도치법이다.

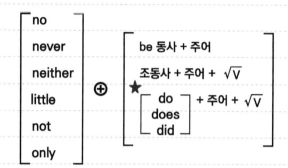

$$\begin{bmatrix} \text{no} \\ \text{never} \\ \text{neither} \\ \text{little} \\ \text{not} \\ \text{only} \end{bmatrix} \oplus \bigstar \begin{bmatrix} \text{be 동사 + 주어} \\ \text{조동사 + 주어 + } \sqrt{V} \\ \begin{bmatrix} \text{do} \\ \text{does} \\ \text{did} \end{bmatrix} \text{+ 주어 + } \sqrt{V} \end{bmatrix}$$

※ 대표적 빈출 표현 : ~해서야 비로소 ~하다.

★★
① not ~ until ~
② It is not until ~ that S V
③ Not until ~ (V S)★

ex)

ⓐ ┌ I ***didn't*** finish the project ___until___ yesterday.
= │ ***It was not until*** yesterday ***that*** I finished the project.
  └ ***Not until*** yesterday ***did I finish*** the project..

(어제가 되어서야 비로소 나는 그 프로젝트를 끝냈다.)

ⓑ I little knew the fact. (나는 거의 그 사실을 알지 못했다.)

→ ***Little did I know*** the fact. (거의 나는 그 사실을 알지 못했다.)

ⓒ Not only he studies hard but (also) he is very kind.(틀린 문장)

→ Not only ***does he study*** hard, but (also) he is very kind.

(그는 열심히 공부할 뿐만 아니라, 매우 친절하다.)

Point.

1. 부정어 강조로 인한 도치구문의 경우 ~be동사와 조동사는 다른 강조와 동일하게 V S이지만,

일반동사의 경우는 다른 강조와 방법이 다르다.

꼭,
do/does/did S √v

2. 고등부 내신과 어법에서 출제되고 있다.

'It is not until ~ that'에서 that의 쓰임이 옳은지, 부정어 강조인 경우 도치 구문으로 되어 있는지 출제.

내신에서 객관식 or 주관식으로도 출제되고 있다.

3. 문장에서 강조하는 방법은 강조어구를 문두에 두는 것이다. 그 어구부터 해석하는 것으로 강조의 방식을 취한다.

Meta
Grammar

★★
6. 동의의 표현 : ~도 그래

긍정문 (So V S)	부정문 (Neither V S)
a) be 동사의 경우 : So ⎡ am ⎤ 주어 ⎜ are ⎜ ⎜ is ⎜ ⎜ was ⎜ ⎣ were ⎦ ex) A : I <u>was</u> very happy yesterday. 　　B : So <u>was</u> I. (So were they.) 　　　(나도 그랬어.) (그들도 그랬어.)	**a)** Neither ⎡ am ⎤ 주어 ⎜ are ⎜ ⎜ is ⎜ ⎜ was ⎜ ⎣ were ⎦ ex) A : I <u>am</u> not a student. 　　B : Neither <u>am</u> I. (Neither is Jane.) 　　　(나도 그래.)　　(Jane도 그래.)
b) 조동사의 경우 : So ⊕ 조동사 ⊕ S ex) A : I <u>can</u> play tennis well. 　　B : So <u>can</u> I. 　　　(나도 그래.)	**b)** Neither ⊕ 조동사 ⊕ 주어 ex) A : I <u>can't</u> ride a bike. 　　B : Neither <u>can</u> I. 　　　(나도 그래.)
c) 일반동사의 경우 : So ⊕ ⎡ do ⎤ ⊕ S ⎜ does ⎜ ⎣ did ⎦ ex) A : Tom <u>went</u> there. 　　B : So <u>did</u> Jane. 　　　(Jane도 그랬어.)	**c)** Neither ⊕ ⎡ do ⎤ ⊕ 주어 ⎜ does ⎜ ⎣ did ⎦ ex) A : Tom <u>didn't</u> go there. 　　B : Neither <u>did</u> Jane. 　　　(Jane도 그랬어.)

Point.

1. 앞 문장이 긍정문인지, 부정문인지 먼저 확인

2. 긍정문이면, So / 부정문이면, Neither

3. 동사의 종류가 무엇인지 확인하라. (be동사/조동사/일반동사)

*부정 표현

전체부정	부분부정 : 다 ~인 것은 아니다
① no = not ~ any ② none : 아무도 ~아닌 ③ never : 결코 ~ 아닌 ④ neither : 둘 다 ~ 아닌 ⑤ not ~ either : 둘 다 ~ 아닌	not ⊕ ① ┌ every : 모두 다 ~인 것은 아니다 　 └ all ② both : 둘 다 ~인 것은 아니다 ③ always : 항상 ~인 것은 아니다 ④ necessarily : 반드시 ~인 것은 아니다 ⑤ ┌ fully　　　: 완전히 ~인 것은 아니다 　 └ completely ⑥ entirely : 전체적으로 다 ~인 것은 아니다

ex) The rich <u>aren't</u> always happy. (부유한 사람들이 항상 행복한 것은 아니다.)

→ Sometimes the rich ***are*** happy, but other times, ***they*** aren't happy.

(때때로 행복하지만, 다른 때에는 행복하지 않다.)

→ None of the pens work/works.

(그 펜들 중 어느 것도 안 나온다.)

※ 준부정어 : 거의 ~않는 : 문장 중에 not이 오면 안 된다.

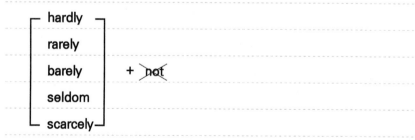

ex) I was so excited that I could <u>hardly</u> speak.

(나는 너무 흥분해서 거의 말을 할 수가 없었다.)

Note

Point.

* the + 형용사
– 복수보통명사
(~하는사람들/것들)

=)복수취급 한다는
것이 중요

➡ 수일치 문제로
출제
(대명사의 수/
동사의 수)

Point.

준부정어 : 빈도부
사에 속함

조동사뒤 / be동사
뒤 / 일반동사 앞에
위치 : 위치 중요.

290

Meta Grammar

3) 생략 (Ellipsis)

★
1. If의 생략 : V ⊕ S ~, S V ~. ⟨ 가정법에서 if의 생략 참조⟩

ex) Were I a bird, I could fly to you.

(내가 새라면, 네게 날아갈 수 있을텐데.)

2. 분사구문 : 접속사 ⊕ S ⊕ V ~ , S V

→ √V ⊕ ~ing ~, S V ~

ex) As I have some good friends, I am very happy.

→ **Having** some good friends, I am very happy.

(친구가 있다면, 행복할 텐데.)

★
3. 주격관계대명사 ⊕ be : N ⊕ (that be) ⊕ ⎡ ~ing
⎢ p.p
⎢ 형용사구
⎣ 전치사구

ex) The girl (who is) dancing on the stage is my sister.

(무대 위에서 춤추고 있는 그 소녀는 나의 여동생이다.)

★
4. 목적격관계대명사 : S ⊕ (that) S ⊕ V ⊕ ∅ ⊕ V

ex) The bag (**that**) my father bought last week is very strong.

(지난주에 아버지가 사주신 그 가방은 매우 튼튼하다.)

★
5. 재귀대명사의 생략 : 강조용법 (명사나 대명사 바로 뒤에 위치한 재귀대명사)

ex) I (*myself*) made the dress.

(내가 직접 그 드레스를 만들었다.)

Point.

1. 접속사를 생략했을 때, 도치되는 경우는 if 구문 밖에 없다.

2. 동사가 2개 있다면 두 개의 문장이므로 반드시 접속사가 있어야 한다.

그런데, 접속사가 없다면, 분사구문이나 관계사가 생략된 경우다.

S V ~, include + o
including
ㄴ 분사구문

3. 기출유형

(While / During)
in Rome, I happened to meet my friend.

ㄴ during : 전치사이므로 반드시 명사류가 뒤에 와야 한다.

⟨ 뒤에 전치사가 왔으므로, 같은 전치사인 during은 쓸 수 없고 s be 동사가 생략된 경우이므로 접속사 while이 와야 한다.⟩

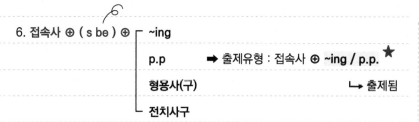

6. 접속사 ⊕ (s be) ⊕ ┌ ~ing
                        │ p.p   ➡ 출제유형 : 접속사 ⊕ ~ing / p.p. ★
                        │ 형용사(구)   ↳ 출제됨
                        └ 전치사구

> **Point**
>
> ★ 바로 뒤에 <u>목적어</u>가 있는지 없는지를 보고, 있다면 ~ing / 없다면 p.p
>
> ★ 타동사를 전제로 함. 자동사인 경우는 당연히 ~ing
>
> ex) If (w~~riting~~ / ⟨written⟩) in English,
>
>   the book won't be read by many children.
>
> (만약에 영어로 쓰여 있다면, 많은 아이들에 의해 그 책은 읽혀지지 않을 것이다.)

Point.

write는 목적어를 필요로 하는 타동사인데 목적어가 없으므로 수동형 written이 와야 한다.

7. 관계부사 / 선행사의 생략

the	place	(where)
the	reason	why
the	time	when

→ 둘 중 하나 생략 가능

| the | way | how |

→ 무조건 둘 중 하나만

ex) This is <u>the reason</u> he doesn't go there.

This is <u>why</u> he doesn't go there.

This is <u>the reason why</u> he doesn't go there.

(이것이 그가 거기 가지 않는 이유이다.)

Point.

선행사와 관계부사의 생략은, 관계부사 생략 편에 더 구체적으로 기록되어 있어요!

8. 목적절을 이끄는 접속사 that

ex) I think (that) you are very honest.

(나는 네가 매우 정직하다고 생각해.)

9. 등위 접속사 구문 ➡ 뒤에 S be 생략 가능

ex) He is kind and (**he is**) handsome.

(그는 친절하고 잘생겼다.)

10. 대부정사 : to 혼자서 to√V 구를 대신함

ex) You may go home if you want <u>to</u> (**go home**).

(만약 원하면, 집에 가도 좋아.)

Note

Point.

대부정사 :
go home이 앞부
분에 있으므로,
중복을 피하여 to
만 쓴다.

to √V 를 이용한
주요 표현에 좀 더
자세히 기록되어
있어요!

4) 삽입 (Insertion)

: 문맥에 상관없이 앞에 나오는 말을 부가적이고, 구체적으로

설명하기 위해 단어나 구, 절 등을 문장 중간에 삽입하는

경우를 말한다.

➡ 시험 출제는 거의 되지 않는다.

(독해구문에서 만나면 해석에 도움이 되길 바란다.)

1.
{
I think
I suppose
I guess
I believe
It seems
}
등의 표현이 문장 가운데 삽입되어 쓰인다.

ex) Honesty is, I think, the best policy.

(내가 생각하기를, 정직이 최고의 정책이다.)

★

(주의) I just did the work which **(삽입)** I thought was right. ➡

(나는 단지 내 생각에 옳은 일을 했을 뿐이다.)

> 이 때 which는 목적격관계대명사가 아니라,주격관계대명사 이다. 관계대명사를 묻는 구문에서 삽입절이 있는 경우가 있는데 착각하면 안 된다.

2. if ever : ~한다고 하더라도 거의 하지 않는다

ex) I seldom, *if ever*, visit my parents in a year.

(나는 일 년에, (한다고 하더라도), 거의 부모님을 뵙지 못한다.)

3. if any : 있다고 하더라도 거의 ~가 없다

ex) There are few, *if any*, students that enjoy studying.

(공부하는 것을 즐기는 학생들은, (있다고 하더라도), 거의 없다.)

5) 동격 (Apposition)

↳ 한 문장에서, 어떤 단어나 구절이 다른 단어나 구절과 문장 구성에서

　같은 기능을 가지는 경우

　➡ 서로 나란히 놓여서 같은 것을 설명하는 관계

1. **,** (comma)

ex) Yeron, Yeseo's sister, likes dancing.

　　(예서의 동생, 예론이는 춤추는 것을 좋아한다.)

2. ― (dash)

ex) I met Yebin –Yeron's sister– in the library.

　　(나는 예빈 –예론이 언니–이를 도서관에서 만났다.)

3. of

ex) My dream (of) being a good teacher came true.

　　(좋은 선생님이 되려는 나의 꿈이 실현되었다.)

4. that

the fact
the idea
the belief
the lesson
the proof
the rumor
the doubt
the chance
⋮

⊕   that   ⊕   완문

ex) The fact [(that) he is very honest] is known
to everyone.

(그가 매우 정직하다는 사실은 모두에게 알려져 있다.)

〈주의〉

〈명사절 접속사 that   Vs   동격의 접속사 that 구별〉

1〉 명사절 that 절 : S, O, C 자리에 위치

ex) I think [**that** playing the piano is very exciting.]
O 자리

(나는 피아노 치는 것이 매우 흥미롭다고 생각한다.)

2〉 동격의 접속사 that 절 : that 뒤에 생략된 것이 없는 완문

: (형용사절)

↳ 앞에 있는 명사를 수식한다.

ex) I don't believe the rumor [that he is a thief.]

(나는 그가 도둑이라는 소문을 믿지 않는다.)

Point.

1. 중고등 과정에서 동격의 접속사를 (형용사절) 명사절과 구별하는 문제로 출제되거나 that과 같은 용법을 고르는 문제로 출제되기도 한다.

〈접속사 부분의 that용법 참고〉

2. 수능 어법에서는 동격의 접속사 that을 쓰는 표현이 옳은지 확인하는 문제로 출제.

– 앞에 명사, 뒤가 완문이면, 동격의 접속사이다.

Point.

that 과 같은 또는 다른 용법을 고르는 문제로 출제된다.

* 풀이법 : that 절이 S, O, C 자리에 있는지,

'명사⊕that⊕완문'구문인지 확인하면 된다.

❋ *Mini-Test

1. 강조를 나타내는 표현을 구체적으로 쓰시오.

2. 도치구문에 대해 구체적으로 쓰시오.

3. 부정어 강조를 할 경우, 문장 내에서 일어나는 현상을 구체적으로 쓰시오.

4. 준부정어의 종류를 쓰시오.

5. 생략에 대해 구체적으로 쓰시오.

6. 동격을 나타내는 표현들을 쓰시오.

7. 명사절과 형용사절에 쓰이는 접속사 that을 구별하는 방법을 쓰시오.

8. that이 동격의 접속사임을 암시하는 명사를 쓰시오.

9. 부분 부정을 나타내는 표현들과 의미를 쓰시오.

Meta
Grammar

부록

구문 이해하기

구문 독해를 위한 Tip ★

1. 주어의 조건 : 문장 맨 앞에 단독으로 쓰인 명사류가 주어가 된다.

→ 전치사 다음에 쓰인 명사는, 제외할 요소이브로 주어가 될 수 없다.

명사구	명사절
① to √V 구 ② 동명사구 ③ 의문사 + to √V 구 ↳수일치 : 단수취급	① 접속사 that절 ② 접속사 if(whether)절 ③ 의문사절 ④ 관계대명사 what절 ⑤ 복합관계대명사절 ⑥ 선행사가 생략된 관계부사절 ex) (The reason) <u>why he left Seoul</u> was his health. <div align="right">S</div> <div align="right">(그가 서울을 떠난 이유는 건강 때문이다.)</div>

ex) Several <u>cars</u> which are in the parking lot (is /(are)) flat.

(주차장에 있는 몇 대의 차가 펑크가 났다.)

2. 주어 다음엔 동사가 나와야 한다... 그런데 동사가 아닌 다른 품사가 나오면

모두 괄호로 묶어서 앞에 있는 명사 수식. -- 형용사 역할을 하는 것이다.

형용사구	형용사절
① to √V 구	① 관계대명사절
② 전치사 + 명사구	② 관계부사절
③ 분사구	③ 동격의 접속사 that절

ex) <u>The pen that I gave her</u> is very unique.

(내가 그녀에게 준 펜은 매우 독특하다.)

point.

1. 동사의 수일치를 묻는 문제에서, 핵심 주어 찾는 방법

→ 문장 맨 앞에 ★ 혼자 나온 명사류

2. 주어가 길어지는 경우는, 명사구와 명사절이 오는 경우이다.

〈형용사구와 형용사절이 명사를 수식하는 경우에도 주어 부분이 길어진다.〉

point.

*관계대명사 <u>what</u> 의 경우, 일반동사는 <u>단수 취급</u>, be 동사는 보어의 수에 따라 결정.

Meta Grammar

3. *앞에 명사, 뒤에 동사가 나오면 주격 관계대명사 〈주어가 생략된 경우〉,

  : N ⊕ that ⊕ V

  *앞에 명사, 뒤에 주어와 동사가 나오면 목적격 관계 대명사 〈목적어가 생략된 경우〉,

  : N ⊕ that ⊕ S ⊕ V ∅

  * 앞에 명사 뒤에 명사가 나오면 소유격 관계대명사 〈소유격 생략〉

  : N ⊕ whose ⊕ N

➡ 이 경우, 그 절 전체를 괄호로 묶어서 앞에 있는 명사를 수식하여 해석한다.

ex) The girl (that has long hair) looks very cute.
    S   V
　　(긴 머리를 갖고 있는 그 소녀는 매우 귀여워 보인다.)

ex) The girl (that I like) has long hair.

　　(내가 좋아하는 그 소녀는 긴 머리를 갖고 있다.)

4. 앞에 명사, 뒤에 주어와 동사가 나온 where, when, why, how는 관계부사이다.

(부사가 생략되어 있음 → 필수 성분은 그대로 있다.)

→ 관계부사절도 형용사의 역할을 하기 때문에

그 절 전체를 괄호로 묶어서 앞에 있는 명사를 수식하여 해석한다.

(전치사 ⊕ 관계대명사가 있는 문장도 같은 방법으로 해석하면 된다.)

ex) The city (where he lives) is very beautiful.

　　(그가 사는 도시는 매우 아름답다.)

5. 전치사 ⊕ 명사류는 형용사구나 부사구의 역할을 한다.

① 형용사구로 쓰이는 경우는 명사를 수식하는 경우

② 부사구의 역할을 하는 경우는 동사를 수식하는 경우

ex) The baby in the room is so cute. 〈명사수식 : 형용사구〉

(방에 있는 그 아기는 너무 귀엽다.)

A cute baby is in the room. 〈동사수식 : 부사구〉

(어떤 귀여운 아기가 방에 있다.)

6. of ⊕ 명사류는 묶어서 앞에 있는 명사를 수식하여 해석한다.

ex) The title (of the movie) is very unique.
　　　 s 　　　　　　　 v

(그 영화 제목은 매우 독특하다.)

★

7. that의 쓰임...

　명사 ⊕ that ⊕ 동사 – 주격관계대명사 (형용사절)

　명사 ⊕ that ⊕ 주어 ⊕ 동사 ⊕ Ø – 목적격관계대명사 (형용사절)

　명사 ⊕ that ⊕ 완문 – 동격의 접속사 (형용사절)

　~~명사~~ ⊕ that ⊕ 완문 – 접속사 (명사절)

　* 기타 다른 용법 : 　지시 대명사 (s,o,c 자리)

　　　　　　　　　　　 지시 형용사 ⊕ 명사

　　　　　　　　　　　 부사 ⊕ 형용사/부사

　　　　　　　　　　　 관계부사 + 필수성분 + (부사 생략되어 있음)

point.

that의 해석

1. 지시대명사
① 저것
② 저 사람

2. 지시형용사: 저

3. 부사: 그렇게

Note

* 타동사 바로 다음 that : 명사절의 접속사 〈목적절을 이끄는 경우 : 생략 가능〉

ex) I think (that) Julia is very smart. 〈명사절〉

(나는 Julia가 매우 똑똑하다고 생각한다.)

The rumor that he passed the test proved true. 〈형용사절〉

(그가 시험에 합격했다는 소문은 사실임이 증명됐다.)

8. 타동사 뒤에 목적어가 없는 경우 : ① **동사 자리인 경우 – 수동태 구문**

② **명사를 수식하는 경우 : 수동형의 과거분사**

➡ 수동으로 해석해야한다.

ex) The book is written in English.

(그 책은 영어로 쓰여져 있다.)

ex) I read a book written in English.

(나는 영어로 쓰여진 책을 읽었다.)

9. 수동태나 준동사의 수동 구문 – 능동이 아닌, 수동으로 해석하는 습관을 기를 필요가 있다.

➡ 해석 따로, 문법 따로 공부를 하면, 문법 문제를 풀 때도 해석을 통해 자연스러운지,

부자연스러운지 감으로 푸는 경우가 많다.

➡ 목적어가 필요한 타동사인데 바로 명사류가 나오지 않고,

★전치사/접속사/부사/. / , 등이 나온다면, 목적어가 없는 구문이므로,

반드시 동사는 수동형이 되어야 한다. – ★구조를 통해 파악하는 연습 !!

10. , 해석법 : 1) ~ 2)

1) ┌ , ing 해석법 : ~하면서,

└ , p.p 해석법 : ~되어서

★
➡ 해석부터가 아니라, 목적어의 유.무부터 먼저 확인한 후, 해석하기

〈목적어가 있는 경우나 목적어가 필요 없는 자동사인 경우는,

~ing (현재분사)를 써야 하고,

목적어가 필요한 타동사이지만,

목적어가 없는 경우는 p.p.를 써야한다. ⇒ 어법 빈출〉

2) ┌ , though – 그러나,

└ , as well as – 또한

11. , that (관계 대명사) 〈관계대명사 계속적용법〉

↳ , 관계대명사 that은 절대로 쓸 수 없다.

〈 , 가 없는 제한적 용법에서는 가능

: 계속적 용법 해석법은 관계대명사 부분의 해석법 참조〉

12. 접속사 ⊕ (s be:생략) ⊕ ┌ ~ ing

　　　　　　　　　　　　　　　 p.p.
　　　　　　　　　　　　　　　　　　 ~
　　　　　　　　　　　　　　　 전치사

　　　　　　　　　　　　　　└ 형용사

＊ 어법 시험은 "~ing/ p.p."가 기출 된다.

13. 명사 ⊕ (that be : 생략) + ┌── ~ ing

　　　　　　　　　　　　　├── p.p.

　　　　　　　　　　　　　　　　　～

　　　　　　　　　　　　　├── 전치사

　　　　　　　　　　　　　└── 형용사

　　　　　　* 어법 시험은 "~ing/ p.p."가 기출 된다.

14. to√V̄가 문장 맨 앞에 있고, 콤마까지 동사가 없다면,

'~하기 위해서'로 해석 될 가능성이 높다.

but, 때로는 '만약 ~라면'으로 해석되기도 한다.

ex) <u>To catch the first train</u>, you have to get up at 6 o'clock.

　　　(첫 기차를 타기 위해서, 너는 6시에 일어나야 한다.)

　　　<u>To make</u> your parents happy, you shouldn't often play games.

　　　(너는 부모님을 행복하게 해드리려면, 게임을 자주 해서는 안 된다.)

15. * ~ing 가 맨 앞에 나왔고, 콤마까지 중에 동사가 없다면,

분사구문 〈접속사 ⊕ S ⊕ V의 역할〉

┌── ~ing ~ ⊕ V̸ ~, : 분사구문

│

└── ~ing ~ ⊕ V ~, : 동명사 – ~하는 것

　　ex) <u>*Realizing*</u> that I made a mistake, I was very embarrassed.(분사구문)

　　　　(내가 실수를 했다는 것을 깨달았을 때, 나는 매우 당황했다.)

　　ex) <u>*Making*</u> a mistake helps you to learn English better. (동명사)

　　　　(실수를 하는 것은 네가 영어를 더 잘 배우도록 도와준다.)

★
16. 문장 맨 앞에 혼자 나온 명사류, 즉 주어 바로 다음에

, 가 나온다면, 동사 바로 앞에도 , 가 있다.

➡ 수능어법 문제에 기출 되고 있다.

* S , ~ , <u>V</u>

   ↳ 이 자리에 ~ing 나 to $\sqrt{V}$ 등 동사가 아닌 품사가 올 수 없고,

   수일치 문제로도 출제되니 꼭 기억해두길 바란다.

★
17. $\sqrt{V}$ 또는 ⎰ ~ing **고르기** ★ ➡ **뒤에 V가 있는지 확인하라.**
                    ⎱ to $\sqrt{V}$

1. $\sqrt{V}$ ~~~V~~ , :   문장이 되어야 하기 때문에 동사 원형이 필요하다.

                                                (명령문)

2. ⎰ ~ing   V , :   뒤에 동사가 있으므로, 주어가 필요하다.
   ⎱ to$\sqrt{V}$ ➡ 즉, ⟨ 동명사 ⟩ 가 와야 한다. : '~하는 것'
                              ⟨ to$\sqrt{V}$ ⟩

ex) ((Jog) / Jogging) every day.

(Jog / (Jogging)) every day <u>is</u> good for health.